EXIL

Antje Hermenau

DAS GROSSE EGAL

Essay

edition buchhaus loschwitz

Impressum

4. Auflage 2026

Friedrich-Wieck-Straße 6, 01326 Dresden
www.kulturhaus-loschwitz.de

Satz und Gestaltung: ws dresden

ISBN 978-3-9824237-3-9

Inhalt

Für jeden kommt einmal der Tag

im Leben, an dem er für das, was

ihm wichtig ist, einstehen muß.

Einführung

Aktuelle Stimmungslage

In der *Unendlichen Geschichte* von Michael Ende ist es das große Nichts, das alles verschlingt, was wir erträumten, aufgebaut haben, uns vorstellten oder noch erhofften. Verschlingt das große Nichts etwas, bleibt gnadenlose Leere zurück: das Nichts selbst eben. Hoffnung bleibt erst am Ende, weil ein einziges Samenkorn genügt, um alles von vorn mit neuen Ideen, neuen Vorstellungen und neuen Träumen aufzubauen und zu füllen. Dazwischen liegen Verzweiflung und Kampf – auch mit sich selbst. Das Ende ist versöhnlich: Es weist uns die Aufgabe zu, von vorn zu beginnen. Dieser Aufbau der Geschichte bewegt sich in unserer abendländisch-christlichen Tradition und hat wohl zu Recht viele Anhänger.

Das große Nichts wabert auch durch die aktuelle abendländische Gesellschaft: Werteverlust in der Gesellschaft, Sinnentleerung der modernen Existenz, apokalyptische Postmoderne, Untergang des Abendlandes, Selbstmord Europas, Multikulti, Unterwerfung unter andere Kulturen, das globalisierte Individuum ohne eigenen Kulturhintergrund, Identitätspolitik in alle Richtungen … Die Liste scheint endlos.

Der geneigte Leser muss jetzt ganz tapfer sein – das ist alles nicht neu! Unsere aktuelle zeitgeistliche Sinnkrise ist keineswegs einzigartig und total, sondern ganz normal für Europa. Michel Houellebecq, Douglas Murray und Oswald Spengler sind keine Propheten von etwas gänzlich Neuem. Sie beschreiben aktuelle Ausformungen des menschlichen Zweifels an allem, den es schon immer gab. Bekannt ist das Zitat von Aristoteles, in dem er sich über die Jugend zu seiner Zeit aufregt, die sich liederlich kleide und zu nichts Gutem tauge.

Aber die Folgen des flächendeckenden Zynismus, der flächendeckenden Ohnmachtsempfindung oder auch der mitunter aufblitzenden Anarchie sind dieses Mal in ihrer allgemeinen Verheerung der zivilisatorischen Normen der europäischen Gesellschaften noch nicht absehbar.

Im 19. Jahrhundert erklärte Friedrich Nietzsche, ein mit »gut« und »böse« aufgewachsener Pfarrerssohn, Gott für tot und erläuterte, warum Moral ein Konstrukt sei, um Gesellschaft zu ordnen und Macht zu sichern. Ein Zeitgenosse, Fjodor Michailowitsch Dostojewski, blies in ein ähnliches Horn: Wenn Gott nicht mehr existiere, existierten auch seine Regeln nicht mehr. Das wäre dann auch das Ende einer (allgemein gültigen) Moral, deren Basis damit entfiele. Seither führen wir in Europa immer wieder Diskussionen über Anarchie.

Und doch: diesmal scheint alles fundamentaler zu sein, nicht mehr änderbar, überwältigend. Die individuell erlebte, totale Ohnmachtserfahrung seit März 2020 durch die politischen Maßnahmen im Zuge der Corona-Infektion haben viele in einen sehr tiefen Abgrund blicken lassen: über Generationen und Geschlechter hinweg. Vieles scheint knapp zwei Jahre später nichtig, verzichtbar oder wertlos geworden zu sein. Das betrifft Institutionen, Verhaltensweisen, Konsumgüter und Vorstellungen von Lebensfreude. Wie vielen fällt es leicht, auf gewisse Dinge zu verzichten? Die Konsumgesellschaft lag aufgrund künstlicher Verknappung des Angebots an Dingen und Dienstleistungen, Kulturangeboten und Freizeitspaß auf der Couch. Es konnte aber nicht jeder freiwillig und individuell aus fünf Dingen drei auswählen, auf die er verzichten wollte, sondern es wurde und wird täglich vorgegeben – moralistisch und damit eher schmal begründete Verbote und Restriktionen überziehen das Land und kerkern individuelle Freiheit im Zeitgeist ein. Aber möglicherweise wird trotzdem ein Ergebnis sein, dass man nicht alle Gewohnheiten wieder aufnimmt. Man hatte ja Zeit zu erkennen, was man wirklich braucht, falls man es nicht schon vorher wusste. Vielleicht wurden wir auch schon vorausschauend darauf trainiert, nicht immer alles haben zu können, was man sich wünscht, weil die Welt machtpolitisch neu vermessen wird und Europa da keine große Rolle spielen will, vielleicht auch nicht kann, wie es scheint. Also ducken sich die Gesellschaften Europas schon einmal in vorauseilendem Gehorsam weg und machen aus dieser Not eine Tugend, indem Feigheit und Unvermögen in Bescheidenheit und Einsicht in die Notwendigkeit verkehrt werden.

Wer zu Hause bleibt, unterliegt weniger allgemeiner sozialer Kontrolle: man duscht seltener, man kleidet sich nachlässiger, man verschiebt Dinge, die zu erledigen sind, auf morgen und übermorgen. Das wurde zur neuen »Freiheit zu Hause« – ein: »Egal, kann ich später oder morgen machen.« Viele hatten weniger Stress und wussten das zu schätzen. Der Staat bezahlte die Miete.

Damit wurden viele aber auch auf eine Existenz von empfundener Bedeutungslosigkeit reduziert, der sie mit Familie, Freunden, Natur, Literatur, Musik und Sport eingeschränkt begegnen konnten oder die sie mit Netflix und Alkohol verdrängten. Und es gab auch viele, die immer schon bescheiden gelebt hatten und denen nicht viel fehlte. Sie hatten ihre Existenz schon zuvor als bedeutsam genug für sich und ihr Umfeld erlebt, wenn sie eine freie Entscheidung war und nicht durch Armut erzwungen. Auf diese beständigen Menschen, die die Nerven behalten, sollten wir unsere Zukunft bauen.

Wir beobachten in dieser Situation alltägliche Skurrilitäten, die uns sehr am gesunden Menschenverstand anderer zweifeln lassen. Blockwartmentalität oder nur wenig freundlicheres Belehrungsverhalten treten zuhauf zutage und erschweren den Alltag. War es zuvor das inzwischen mehrheitlich durch anhaltende Volkserziehung geächtete Rauchen oder die Stigmatisierung von Autofahrern als bedrohliche Verkehrsteilnehmer, die auch noch der Umwelt schaden, ist es nun der ordnungsgemäße Sitz der Maske, der Anlass zur allgemeinen Erziehung bot. Parallel wurde man noch mit gendergerechter Aussprache im Fernsehen konfrontiert und auch hier wieder allgemein erzogen.

Wer daran verzweifelt, sollte sich vor Augen halten, dass es eine Zeit gab, in der es als chic und modern galt, riesige Perücken auf seinem Kopf aufzutürmen, sie mit Mehl zu bestäuben, in ihnen nistende Mäuse zu ertragen und schwer an ihrem Gewicht zu schleppen. Was wir heute als hanebüchenen Unsinn erkennen, war damals ein Merkmal, um sich vom Plebs zu unterscheiden und seiner Existenz wenigstens äußerlich einen besonderen Wert, eine Bedeutung zu verleihen. Es geht irgendwie immer darum, anders zu sein als die anderen: um Gott näher zu sein, um der eigenen Existenz Bedeutung einzuhauchen, um sich selbst zu entfalten, um der Umgebung zu entfliehen, in die man hinein geboren wurde … Individualismus ist ein tückisches Gelände. Jeder nach seiner Fasson – das ist eigentlich Freiheit, wird aber schnell zum Machtinstrument, wenn moralisch nicht jeder in dieselbe Schablone passt und man eben nicht erträgt, dass jeder eine andere Fasson, eine andere Vorstellung von Freiheit hat.

Abgelöst wurde das Rokoko durch den Klassizismus, einer ästhetischen Gegenbewegung, die dann letztendlich im Biedermeier endete: einer Atempause nach all der Opulenz und dem barocken Egal zum Leid der Welt durch blendende Lebensfreude. Ist Barock nicht ebenfalls, zu wissen, dass die Welt auch schmutzig und voller Leid ist, und trotzdem das Leben an sich zu feiern? Musste er nicht im Rokoko auf die Spitze getrieben werden, um dann im Klassizismus wie ein Soufflé zusammenzufallen? War nicht das Biedermeier die auf die Spitze getriebene Atempause in der scheinbaren Idylle von Rückzug und Bescheidenheit, um danach erneut zu neuen Ufern aufzubrechen – gar ähnlich einer Revolution? Wenn man es mit der aktuellen zeitgenössischen Epoche vergleicht – gibt es da nicht Wiederkehrendes und Vertrautes?

Ich mag den Gedanken, dass wir im Auf und Ab der Zeit mal großartige, mal bescheidene Wege finden, beschreiten, verwerfen, neu erfinden, diese dann beschreiten und …

… noch mehr mag ich den Gedanken, dass wir uns aktuell in einem gesellschaftlichen Biedermeier befinden, das noch keinen Namen von den Historikern bekommen hat und das ich mit »das große Egal« beschreiben möchte. Es ist facettenreich und widersprüchlich. Es kann ein sehr gefährliches Ende nehmen. Man kann es mit sehr gutem Humor sogar – wenn auch gerade so – ertragen, und es gibt am Ende doch auch Hoffnung. Kommen Sie mit auf eine launige Reise durch das große Egal der heutigen moralinsauren Zeit auf der Suche nach der Wiederkehr der Vernunft.

Worum geht es in diesem Essay?

Ich bin davon überzeugt, dass Deutschland als historisch und demografisch erschöpfte Gesellschaft im alltäglichen Biedermeier und intellektuellen Rokoko nunmehr durch den Umgang mit dem Coronavirus in einem großen Egal auf sich selbst zurückgeworfen wird. Wir blicken hinter die glitzernde Verpackung und sind wahrscheinlich alle etwas erschüttert darüber, wie unscheinbar und doch viel kleiner die wirkliche Substanz im deutschen Alltagsleben ist. Diese Entwicklung bietet aber die hervorragende Chance, im alltäglichen Leben wieder auf eine Basis der Vernunft und der Aufklärung zurückzukehren, anstatt im Moralisieren und in intellektuellen Manieriertheiten zu erstarren. Seit der Finanzmarktkrise 2008/09 hat es in Teilen der Bevölkerung eine große Ernüchterung gegeben, weil es an gegenseitigem Vertrauen und gemeinsamen Zielen mangelt. Der Kulturkampf tritt hervor: Liberale und Konservative ziehen es oft vor, vom Staat in Ruhe gelassen zu werden, und beanspruchen ihn im Allgemeinen auch weniger. Er soll die großen Linien regeln, sich aus dem Privatleben heraushalten und ansonsten schlank sein. Ein gut funktionierender Staat fällt im Alltag nicht auf, schon gar nicht unangenehm, sondern verrichtet seine Arbeit, für die er mit Steuern bezahlt wird, damit alles gut läuft. Mit »leben und leben lassen« kann man das gut umschreiben. Viele Linke wollen oft auch vom Staat in Ruhe gelassen werden, aber aus anderen Gründen. Und solange sie nicht selbst alles bestimmen, bekämpften sie ihn, oft militant. Bestimmen sie allerdings selbst, dann wollen viele von ihnen alles für alle bestimmen, so scheint es. Also: Was ist das große Egal? Wem nützt das große Egal? Was kommt nach dem großen Egal? Wenn uns am Ende alles egal ist, sind wir es alle auch: egal.

Facetten des Egal - Seins

Etwas kann egal sein, wenn es bündig abschließt, auf der gleichen Höhe abschließt oder ausgeglichen und geglättet ist. Hier geht es noch um Harmonie, Symmetrie und Anpassung. Das lateinische Ursprungswort *aequalis* bezeichnet, dass etwas eben sei. Diese Bedeutung kennt heute kaum noch jemand.

Égalité

Auch jemand kann egal gemacht werden – er wird egalisiert. Der Schlachtruf der Französischen Revolution von 1789, »Freiheit, Gleichheit, Brüderlichkeit« (französisch: *liberté, égalité, fraternité*), zeigt an, was damit gemeint war: eine angenommene Gleichheit der Menschen, die Ungleichheiten aufheben sollte, die aber in den späteren Jahren in eine Gleichmacherei der Menschen umkippte. Es zeigte sich in der Praxis mit der Gleichheit oft weniger gut, als es gedacht war: Gleichmacherei vernachlässigt, ja verdrängt das Individuum. Gleichmacher wollen am Ende oft selbst gleicher sein als andere. Wenn der Beglückungswille der Regierenden das Gemeinwohl der Regierten übertrumpft und nicht mehr angezweifelt werden darf, weil er von den Moralisten formulierte wurde (wer braucht schon Mehrheiten, wenn wir doch »die Guten« sind?), dann kippt die Sache, wie Maximilien de Robespierre am eigenen Leib schmerzlich erfuhr, als die Guillotine sein Haupt vom Körper trennte und ihn damit egal machte mit den vielen Opfern seiner moralisierenden Hysterie. Am Ende kommt doch vor Gott alles wieder zusammen – egal, wie egal der eine dem anderen war. Der Tod ist der einzig wahrhafte Demokrat, er behandelt alle im Ergebnis gleich. Die Unterschiedlichkeit in der Gleichheit ist eine herzzerreißende, brutale und widersprüchliche Kulturgeschichte, oft auch ein

Instrument der Machtergreifung: Von der Aufhebung der Sklaverei in England, nicht zuletzt durch den Pietismus vorangetrieben, bis hin zu den »Killing Fields« Pol Pots durch kommunistische Irrlehren der Gleichmacherei wird diese Vielschichtigkeit nur angedeutet. Ich habe das Genozid-Museum Tuol Sleng in Phnom Pen besucht. Wer sich nicht in die Lehren der Roten Khmer einfügte, sah mit an, wie sein Baby in die Luft geworfen und mit dem Bajonett aufgespießt wurde, bevor man selbst unter Schmerzen starb. Und die, die diese »Macht« ausübten, schienen auf den Gemälden überlebender Opfer nicht entsetzt über ihr eigenes Tun.

Aber wenn Europa wirklich etwas kulturgeschichtlich Universelles geleistet hat, dann waren es die Menschenrechte, die zum Maßstab des Einzelnen wurden. Das gilt es auch zu bewahren – in der Substanz, nicht formell. Das ist unser christliches Erbe.

Am Ende läuft es irgendwie immer darauf hinaus, wie man sich unterscheidet, wie man zueinander passt und – entscheidend – wer das Sagen hat. Wer Gleichheit ruft, meint oft »Ihr seid alle gleich unter meinem Regiment«. Das ist schon seit Augustus' genialer Idee vom *primus inter pares* so.

Jemandem kann etwas egal sein. Jemand kann jemandem egal sein. Es kann einem alles piepegal sein – diese Deutungen sind erst in den letzten Jahrhunderten aufgekommen und stammen wohl auch eher aus Frankreich, meint zumindest Wikipedia. Vielleicht beförderte ja die Gleichmacherei das Gefühl, dass einem alles egal sei, nachdem einem vieles bedeutungslos oder wertlos gemacht wurde? Der Verlust von bedeutenden Dingen oder Ritualen im eigenen Leben, im Alltag, auch der Verlust von Wert der Dinge, die einem gehören, kann einem schon so manches egal werden lassen. Spannende Fragen zu unserer Moderne kann man auch aus dieser Sprachentwicklung ableiten, wenn man will. Ich für meinen Teil bin jedenfalls absolut unter Spannung gesetzt durch den Dreiklang, der dieser Tage bei den Spaziergängen skandiert wird: Friede, Freiheit, Selbstbestimmung. Darin liegt für mich Hoffnung auf eine Entwicklung, die das ganze Gegenteil von Gleichmacherei ist.

Gleichgültigkeit

Heutzutage geht es im Deutschen bei dem Wort »egal« meistens um Gedanken von Gleichgültigkeit, Einfluss- oder Wertlosigkeit. Die individuelle Bedeutungslosigkeit von Dingen, Haltungen und Menschen wird zum Ausdruck gebracht. Die letzten zwei »Corona-Jahre« waren in dieser Hinsicht wahrhaftig die Krönung: Das Volk merkte, dass es den Regierenden egal war. Die Wirtschaft merkte, dass sie allen egal war. Die Künstler merkten, dass sie besonders egal waren – viele Menschen kamen offenbar prima ohne sie aus. Und wir wurden egalisiert: beim »Binge Watching« auf Netflix und Amazon Prime oder beim Tragen ähnlicher Masken. Die individuellen, selbst gemachten und farbenfrohen Masken wurden bald zugunsten gleichförmiger weißer »Abstandsschnuten« untersagt und wir alle durch diese Maskenkonformität wieder schön egalisiert.

Diese Spielart von Egal hat sich in unserer Zeit in den letzten zwei Jahren noch einmal so sehr verdichtet – es ist schon ein ganz großes Egal geworden. Manche nennen es den merkwürdigen Selbstmord Europas. Andere sprechen vom Werteverfall der westlichen Welt und von ihrer drohenden Unterwerfung. Und wieder andere sprechen von der neuen Zeit, die angeblich wieder einmal mit uns zieht, bis auch diese wieder krachend zu Ende geht. Am Ende ist es doch nicht mehr als die übliche charakterliche, intellektuelle und seelische Erschöpfung der amtierenden Eliten – seien sie dazu ernannt oder gewählt worden oder haben sie sich gar selbst definiert. Es sind Eliten auf Zeit, zumindest in einer echten Demokratie. Wenn dieses Prinzip einer funktionierenden Demokratie den Bürgern nicht egal ist, dann ist es übrigens am Ende egal, wie diese Eliten selbst das sehen, weil die Bürger dem so oder so ein Ende zu setzen versuchen werden, wenn es ihnen nicht mehr egal ist, wie es läuft. Die Gewissheit von Vergänglichkeit bietet jedem Bürger in einer

Demokratie historischen Trost. Er braucht halt viel Geduld. Demokratie ist die Staatsform der Geduld.

Kann der Staat es besser?

Fragt man ältere Ostdeutsche danach, an welche Grundempfindungen sie sich aus ihrem Leben vor dem Mauerfall erinnern, dann kommt: Es ging allen (bis natürlich auf jene der Nomenklatura, denen es besser ging) gleich schlecht – das war die Gleichmacherei des real existierenden Sozialismus mit Gefühlen wie Gemeinschaftsempfinden, regelmäßig zurechtgestutzt und unter Angst gehalten zu werden und die eigene Unwichtigkeit regelmäßig zur Kenntnis nehmen zu müssen. Nach dem Mauerfall musste der Mangel nicht mehr schöngeredet werden. Einkaufskollektive gehörten der Geschichte an. Nächstenliebe und Hilfsbereitschaft bekamen wieder ihren traditionellen und bewährten Platz im konkreten Alltagsgeschehen und als Entscheidung des mündigen Individuums. Allerdings verzog diese natürliche Entwicklung sich gleich wieder in ein anderes Extrem, weil die soziale Sicherung der Bundesrepublik Deutschland sich an der Einzelfallprüfung abmüht und damit wächst, denn die Vielfalt der Lebensentwürfe zieht immer mehr Arbeit an der Einzelfallgerechtigkeit nach sich. Dieser Sozialstaat wird in dieser Feinziselierung mit der Kontraktion der Globalisierung in Deutschland implodieren.

Die Bevölkerung hat gelernt: sie wird nicht gebraucht. Ihr Diensteifer ist egal, ihre Bildung ist egal, ihre Ehrlichkeit ist egal und ihre Leistungen für die Gemeinschaft sind auch egal. Wie viele bekannte Politiker haben mit erschwindelten akademischen Graden, aufgepumpten Lebensläufen oder erstaunlichen Gedächtnislücken bei richterlichen Befragungen in der letzten Zeit die Maßstäbe für Ehrlichkeit und Tüchtigkeit drastisch nach unten gezogen? Das scheint neuerdings auch egal zu sein. Sie kriegen trotzdem hoch bezahlte und wichtige Posten. Wie wirkt das auf Menschen, die ordentlich ihren Berufsabschluss gemacht oder sich berufsbegleitend weiter gebildet haben? Wie wirkt das auf Menschen, denen die Qualität ihrer Ausbildung und ihrer Arbeit nicht egal ist?

Das große Ganze einer Weltrevolution oder eines Neustarts wie bei Klaus Schwab verschlingt – wie das große Nichts – alles. Es ist in der Tat entsetzlich, wie viel Aufgebautes, wie viel Lebenswerk und fleißiges Handeln in diesen zwei Jahren ruiniert wurden. Dieser Zynismus im Umgang mit den Rührigen in der Gesellschaft wird sich noch bitter rächen. Die Gesellschaft wird den Zynismus auf die Parteien und die Regierenden zurückspiegeln – ganz instinktiv.

Das grandiose Versagen des Staates bei den wichtigen Themen, welches sich die Bürger atemlos anschauen mussten, obwohl die Medien dieses Bild sehr stark abmilderten, zeigte: unser Staat ist schwach. Er ist groß. Er ist breit. Aber er ist nicht leistungsfähig. Die Bürger halten diesen Staat anscheinend selbst mehr am Laufen als die Verwaltung. Legendär sind inzwischen die über Monate genutzten Faxgeräte der Gesundheitsämter. Da lachte sich nicht nur die Nation kaputt. Und natürlich waren die Zahlen am Montag noch nicht zu gebrauchen, weil das Wochenende erst ausgewertet werden musste am Anfang der Arbeitswoche. Jeder Einzelne achtet auf seine eigene weiße Weste, aber die gemeinsame *res publica* wird zunehmend egal. Und die Regierenden wirken manchmal so, als spiegelten sie eigene Ängste auf andere, als machten sie ihre persönlichen, ureigenen Empfindungen zur Staatsräson. Manche sind sogar so kühn, der Bevölkerung gezielt Angst zu machen, wie der damalige Bundesinnenminister Horst Seehofer oder der amtierende Gesundheitsminister Karl Lauterbach in Bezug auf Covid 19. Dieses Land wird mit Angst regiert.

Der über Jahrzehnte in vielen Bürgern gezüchtete Wunsch, der Staat möge alles regeln, trifft auf das Unvermögen des Staates, alles zu regeln. Rahmenbedingungen kann er schaffen. Vor den täglichen Herausforderungen in seinem Leben steht jeder erst einmal für sich ein. Da kann der Staat nicht viel regeln. Daran überhebt er sich. Da inzwischen aber sehr viele Menschen vom Staat leben und meinen, alles für alle regeln zu müssen, ist es nicht mehr egal, sondern wird zu einer Herausforderung – hier muss dringend Nüchternheit einziehen. Die Menschen sind vor Gott gleich. Schicksal ist individuell. Ein Staat, der alles regeln will, zerstört die Freiheit.

Meinungsfreiheit

Es gibt sie. Aber sie ist inzwischen auch oft egal. Die geäußerte Meinung kommt runter von der Seele, wenn man seine Meinung äußert, aber das ändert an den Zuständen nichts. Früher protestierten die, die jetzt regieren, um jede Meinung hörbar zu machen. Nun lautet deren Antwort auf andere, die nun gehört werden wollen: Keiner hat das Recht, dass seine Meinung unwidersprochen bleibt. Am besten, man versammle sich gar nicht erst, um zu protestieren. Darin steckt der Hochmut, einen Meinungsaustausch nicht ergebnisoffen und mit Neugier auf die Position des anderen anzugehen, sondern von vornherein davon auszugehen, man selber habe recht und die anderen eben nicht. Die Regierungen in den Ländern und im Bund verweigern flächendeckend den Meinungsaustausch mit der Bevölkerung. Die Bevölkerung wurde politisch geschickt in AfD und Nicht-AfD gespalten, und innerhalb der Nicht-AfD gibt es keinen wirklichen, demokratisch unverzichtbaren Meinungsaustausch mehr, sondern wir haben wieder eine Nationale Front, diesmal unter der Führung einer links-grünen Ideologie. Nun sitzt die CDU in der Falle, in die sie bereitwillig hineingetappt ist.

Inzwischen wurden die Daumenschrauben beim Thema Meinungsfreiheit fest angezogen: Seine Meinung auch nur zu äußern, wird heute erschwert und kann echte Nachteile bis hin zur existenziellen Bedrohung mit sich bringen. Da wird man putzmunter in Schubladen gesteckt, von Ideologen oft genug menschlich schäbig klassifiziert, mit skurrilen Bezeichnungen »beschmutzt«, um als politisches Schmuddelkind in die Ecke gestellt werden zu können. Nicht einmal die Seele kann man sich heutzutage noch erleichtern. Und das ist überhaupt nicht egal. Da staut sich manches auf, das einem generell nicht, und einer demokratisch gesinnten Regierung schon gar nicht, egal sein dürfte. Aus aufgestauter Wut wird Zorn. Dieser Zorn wird sich wahrscheinlich nicht rational entladen. Für ältere Ostdeutsche und Mittelosteuropäer ist das nun das zweite Mal in ihrem Leben, dass sie das richtige Leben im falschen wieder freilegen müssen.

Allgemeine Hasspredigten und ein berechtigter aktueller und konkreter Zorn beim Versagen von Regierung und Verwaltung sind zwei völlig verschiedene Dinge. Die Zeit wird es zeigen: Währung in der Krise, Infrastruktur in der Krise, Verwaltung in der Krise (da hilft auch kein Faxgerät mehr), Integration in der Krise ... Da hat jeder gewiss noch eine weitere auf Lager. Aber all diese inländischen Krisen dürfen vom Bürger als »die falschen Fragen« nicht ernst genommen werden und deren Lösung seitens der Regierenden von ihm nicht erwartet werden, die müssen nämlich dringend »nur noch kurz die Welt retten«, wie es in einem Schlager von Tim Bendzko aus dem Jahre 2011 so schön heißt. Die wohlfeile politische Aussage, ‚man müsse das große Ganze und alles global sehen', führt dazu, dass Politik sich nicht mehr mit den vielen drögen Kleinigkeiten des Alltags befassen muss. Sie hat eine super Ausrede, deren gefühlte Ohnmacht aber eben vieles egal macht: ob Virus, ob Klimawandel oder Finanzmärkte – die Ohnmacht der Regierungen ist zum Greifen und die Größe dieser Entwicklungen lässt vieles egal werden in den Augen der Akteure. Aber viele Bürger sind mit einem Alltag geplagt, der deutlich entspannter verlaufen könnte, wenn die innenpolitischen Herausforderungen ganz oben auf der politischen Agenda stünden. So beherrscht man sie lieber mit Angst. Die Jahrzehnte in der Nische – egal, ob DDR oder BRD – haben die romantischen Neigungen vieler Deutscher verstärkt und sie glauben gemacht, das Leben sei anders geworden. Nein, es ist dasselbe alte Leben: widerspenstig, anstrengend, gefährlich. Wir haben nur lange nicht hingesehen.

Ausrederitis

Betrachtet man die berechtigte Kritik vieler Bürger an der unzureichenden Arbeit der Verwaltung und des verantwortlichen politischen Personals bei der Hochwasserkatastrophe in Nordrhein-Westfalen und Rheinland-Pfalz während der heißen Phase des Wahlkampfes 2021 und vergleicht man dies jetzt mit der Stille, die öffentlich dazu eingetreten ist, als ob es wieder egal geworden wäre, kann einem schon mulmig werden. Bundesweit hört man nicht viel. Von den Selbstheilungskräften der Demokratie ist wenig zu spüren. Der Klimawandel sei schuld. Das werde noch schlimmer, wird gedroht. Wir versuchen mit unseren deutschen Einsparungen das Weltklima zu retten, obwohl es zahlenmäßig keinen erheblichen Unterschied machen würde, wenn wir ausstürben und hier nur noch Frösche quakten, bildlich gesprochen. Aber was ist das für eine grandiose Ausrede für den Verzicht auf die tägliche harte Detailarbeit auch in der Politik und in der Verwaltung! Die Jugendlichen, die bei »Fridays for Future« (FFF) hüpften, sprachen davon, dass es doch egal sei, wenn sie nicht in der Schule gingen und nichts lernten, da sie sowieso keine Zukunft mehr hätten. Im Internet gab es Videos von jungen Frauen, die unter Tränen ihre Fassungslosigkeit über die Untätigkeit der Regierung beim Klimaschutz ausdrückten. In anderen Zeiten hätte man das mindestens als nervöse Überreiztheit klassifiziert. Offensichtlich gibt es einen großen Mangel an Primärerfahrungen bei jungen Leuten, die deshalb vielleicht schnell zu Übertreibungen neigen, weil sie die Unterschiede zwischen vermeintlich und reell nicht mehr klar erkennen können. Das Zukunftsvertrauen scheint der Jugend auch abhanden gekommen zu sein.

In NRW und Rheinland-Pfalz wird nun von Regierungsseite individuell ein wenig herum getröstet, aber eine konsequente und bundesweite, öffentliche Aufarbeitung der Versäumnisse gibt es nicht. Zwei Minister konnten nicht vermeiden, zurück getreten zu werden, aber das Ahrtal sieht immer noch so aus, als läge die Flut erst wenige Monate zurück. Mangelhafte Ausstattung mit Warnvorrichtungen, riskante Talsperrenbewirtschaftung oder Chefs in Politik und Verwaltung, die den Wetterbericht nicht ernst nehmen oder nicht erreichbar sind – das ist schwer zu ertragen, wenn man täglich das Bruttosozialprodukt steigert. Wohin also mit all der aufgestauten Wut über die unnötigen Todesfälle im Ahrtal? Das ist offensichtlich auch egal.

Ursprünglich ging man ja davon aus, dass die Redefreiheit einfach als Grundrecht gegeben sei und man jederzeit von ihr Gebrauch machen könne: Problemlos, solange man nicht gegen gültige Gesetze verstieß. Diese Freiheit erfuhr aber schon vorher einen Bedeutungsverlust. Man durfte zwar noch vieles sagen, aber es war »denen da oben«, »denen da in den Medien« oder noch ganz anderen völlig gleichgültig, was die Leute dachten und sagten.

Wer erinnert sich noch, als 2015 in Dresden montags große Spaziergänge stattfanden, gemeint als ein kollektiver Wink mit einem zwei Meter dicken Zaunpfahl nach Berlin zum Thema kopflose Migration statt durchdachte Integration? Wenn 25 000 Leute, ohne viel zu sagen, kollektiv spazieren gehen, ist das eine Meinungsäußerung und kein kollektives »Walking« für die Volksgesundheit – denn denen war etwas ganz Bestimmtes überhaupt nicht egal. Sie wollten ihre Kritik in einer erträglichen Dosis zeigen, damit die Kritisierten ohne Gesichtsverlust eine Korrektur in ihrer Politik vornehmen können. Das ging gründlich schief.

Als der damalige Ministerpräsident Stanislaw Tillich nicht hinging und nicht zu ihnen sprach (vielleicht war es ihm egal), blieb es bei der Größe der Veranstaltung. Er hatte den Menschen mit seinem Verhalten bedeutet, dass es ihm egal war, was sie umtrieb. Das wollten sie nicht akzeptieren. Sie schalteten auf stur. Ihnen war das eben nicht egal. Erst als die Runden Tische angeboten wurden, um ins persönliche Gespräch zu kommen, brachte diese Überwindung der Gleichgültigkeit, ja Herablassung, die Bewegung in Bewegung. Die Leute erzählten, was ihnen nicht egal war. Eigentlich könnte die Haltung »Mir ist egal, was du denkst und sagst« eine sehr freiheitliche sein, wenn sie ebenfalls bedeuten würde, dass man interessiert diese andere Meinung anhört und nicht schulmeistert, sondern höchstens in der Sache klar, aber höflich widerspricht, wenn man völlig anderer Meinung ist. Nach den Gesprächen ging die Zahl der Teilnehmer jedenfalls wieder auf wenige Tausend Menschen zurück.

Aber wir wollen uns nicht beklagen: Man konnte, wenn auch oft unerhört oder ignoriert, immerhin noch seine Meinung sagen. Die einen fanden unerhört, was vorgetragen wurde, die andern fanden, dass sie unerhört blieben, aber das Tischtuch war noch nicht gänzlich durchschnitten. Das waren die besseren der schlechten Zeiten.

Interessant ist, dass es heutzutage viele Spaziergänge in ganz Deutschland gibt – eher in mittleren als in Großstädten, aber in ganz Deutschland. Der vornehme Protest ist ein innerdeutscher Exportschlager geworden.

Inzwischen leben wir anscheinend in den schlechteren der schlechten Zeiten. Es wird ganz klar gemacht, dass es völlig egal ist, was viele denken und sagen. Deren Meinung ist für den Fortgang der Bundesrepublik Deutschland grad egal. Es gibt kein gemeinsames Gesellschaftsprojekt mehr, wenn sich die durchsetzen, denen die Lebenswirklichkeit eines Großteils der Bevölkerung völlig egal ist, ja bei ihnen sogar verpönt ist. Die vielen und wichtigen Fragen für einen geregelten Alltag scheinen politisch egal geworden zu sein. Zumindest sind sie politisch etwas heimatlos. Dafür wird putzmunter weiter medial verbreitet, was wir zu denken und zu sagen haben: in unaussprechlicher Lautung mit Sternchen und neuen geschlechtsneutralen Ersatzwörtern, die meist sehr skurril wirken. Es ist auch egal, dass die Bürger sie mehrheitlich ablehnen. Das will kaum einer, aber im Fernsehen sehen und hören wir die rauchenden Colts der Sprachpioniere.

Egal, wie man es macht, es wird wohl immer für jemanden falsch sein und damit in eine noch größere Manieriertheit abgleiten. Nun ist diese Gendersprache den meisten, ich will‘s mal höflich sagen: piepegal. Aber das ist wiederum denen egal, die sich das alles ausgedacht haben. Nichts ist ihnen peinlich an ihrem volkserzieherischen Ladenhüter. Es wird offenbar tapfer so lange so gedacht und geschrieben, bis ein wütender Mob aus vielen Gründen, aber vielleicht auch aus diesem, mal das Studio abfackelt und alle wieder ausnüchtern. Bei solchen möglichen Konsequenzen kann es uns nicht egal sein, wenn solche Manieriertheiten der Moderne unseren Alltag sprengen und die Bevölkerung spalten. Und ist das Ganze als indirekter Akt von Unterwerfung gedacht, mag die Wut stärker ausfallen als über eine aufgeblasene Manieriertheit.

Sprachliche Ab- und Ausgrenzung

Überhaupt dient Sprache mit starker Ab- und Ausgrenzung immer mehr dazu, sich von anderen abzusetzen oder andere auszugrenzen. Es wird behauptet, man wolle sensibler sprechen, und verhält sich der Mehrheit gegenüber immer garstiger. Es wird nicht egalisiert im Sinne einer Gleichheit, wenn man sich um politische Korrektheit bemüht, sondern es wird distinguiert, um sich von denen abzuheben, die sich noch nicht haben egalisieren lassen und die sprechen, wie ihnen der Schnabel gewachsen ist, um sich selbst in einer Gruppe, die sich für modern und aufgeschlossen hält, freiwillig neu zu egalisieren – eine amüsante Absurdität des großen Egal.

»Wir« sind »denen« egal

Viele Leute haben in den letzten Monaten den Eindruck gewonnen, sie und ihr Alltag seien »denen da oben« egal. Woraus leiten sie das ab? In den Medien und den sozialen Netzwerken äußern sich ja hin und wieder noch Politiker. Der direkte Wählerkontakt existiert wohl eher nicht mehr. Auch die Verwaltung lebt prächtig im Home-Office, hat keinen lästigen Bürgerkontakt mehr und braucht keine Bewaffnung in der Amtsstube. Es ist eine Sprachlosigkeit entstanden. Die Leitung wurde gekappt, nicht nur technisch, wie durch die inzwischen nachgewiesenen Löschungen auf Twitter oder die geplante Abschaltung von Telegram.

Gott und Welt

Die Kirchen sind übrigens fast gänzlich egal geworden – willenlos haben sie sich sogar selbst als überflüssig dargestellt, indem die Kirchenleitungen und die Bischöfe »natürlich« die Kirchen ebenfalls den Corona-Maßnahmen unterwarfen oder sie gar ganz geschlossen hielten, obwohl bis heute völlig unklar ist, ob das Virus eine göttliche Fügung oder menschengemacht ist. Was für ein Trauerspiel waren für viele Gläubige die beiden letzten Osterfeste? Wie viele alte Menschen lebten und starben isoliert? Das kann uns doch nicht egal sein? War es Gott sei Dank auch nicht: viele

Pfarrer und Gemeinden stemmten sich gegen die bischöflichen Verdikte und hielten ihr christliches Seelenleben einfallsreich aufrecht.

Man kann Masken tragen und Abstände einhalten. Das ist egal. Zu Pestzeiten gab es auch ausklappbare Pestlöffel, um den Abstand beim Überreichen der Hostie einzuhalten. Aber der Pestkranke erhielt Trost. Wenn jedoch die Kirche dem Einzelnen nicht mehr direkt Trost und Rückhalt anbietet, sondern Online-Andachten für angemessen hält, ist sie dann nicht selbst egal, ja, hat sie sich dann nicht selbst wirklich egal gemacht? Mit dem Zeitgeist zu eng verwoben, wird sie rapide egal. Die Austritte häufen sich. Wo war meine Kirche, als ich sie brauchte, fragen sich viele. Zeitgeist gibt es schon genug – eine in sich ruhende Kirche mit 2000 Jahren Lebenserfahrung im Rücken, die über jedem Zeitgeist stünde, die wäre hingegen nicht egal. Die hätten wir sogar dringend gebraucht. Aber es ist schwer, jemanden aufzuwecken, der sich schlafend stellt. Da hat unserer Kirchenleitung der Wille zur Selbsterkenntnis gefehlt. Das war vielen nicht egal.

Hauptbetrachtungen

1. Diskurs: Die Krise des Liberalismus erledigt den Konservatismus gleich mit

Was ist denn nun Europas Weltenschmerz?

2003 veröffentliche Nicolas Baverez sein Buch *La France qui tombe* (Frankreich im freien Fall). Ich habe mir es damals in Paris gekauft und mit Interesse gelesen. Es wurde in Frankreich heiß diskutiert und im Fnac war es der Bestseller. Frankreichs Intellektuelle waren immer viel diskursfreudiger als die hiesigen, und sie sind auch nicht alle links. Es ging und geht offen und auch konträr zu. Bücher waren damals noch Meilensteine, die das Potenzial hatten, einen politischen Richtungswechsel intellektuell vorzubereiten. Heutzutage maßen sich Nachrichtensprecher diese Vordenkerleistung an, obwohl sie in einem dafür völlig ungeeigneten Biotop arbeiten. Sein Buch dürfte zu den Wegbereitern für eine schillernde Figur wie Emmanuel Macron gehören. Baverez spricht vom Selbstbetrug der Grande Nation, von nötigen Reformen und von enormen politischen Aufgaben. Die haben sich in den letzten zwei Jahrzehnten noch vergrößert.

Schlummertaste Merkel

Auch Frankreich hatte mit seinen Präsidenten nach Nicolas Sarkozy auf die Schlummertaste gedrückt wie Deutschland mit Kanzlerin Merkel. Sein Bild war der gallische Hahn, der sich wie ein Vogel Strauß verhält und den Kopf in den Sand steckt. Der Kapitalismus hatte sich quasi zu Tode gesiegt, der Liberalismus hatte es mit der Öffnung in die Welt übertrieben Es gab kein Gefühl mehr für das richtige Maß. Linke und Rechte entwickelten in dieser Situation unter für sie gewissermaßen optimalen Bedingungen neue Extreme aus. Insbesondere der Front National, seit 2015 Rassemblement National, gedieh prächtig – so wie in Deutschland die AfD. Die Sehnsucht nach kultureller und damit politischer Autorität war groß – auf rechter wie auf linker Seite. Die »Normalen«, die keiner wirklich oder vermeintlich unterdrückten Minderheit angehörten, begannen sich zu fragen, welche Rolle sie in ihrem eigenen Land eigentlich noch spielen würden. Dieses Phänomen ist nicht auf Frankreich beschränkt.

Ein wesentliches Fazit dieser Diskussion unter Frankreichs Intellektuellen war wohl auch, dass wir in einer Zeit leben, die ohne dominante kohärente Ideologie sei: Die Gemeinschaft zerfiele und ignoriere dabei, dass Europa in seiner Größe und Bedeutung in der Welt sehr schnell schrumpfe. Es soll eine wachsende Zahl von Parallelgesellschaften geben, die ihr Zusammenleben immer wieder neu verhandeln sollen. Das ist die neue Zukunftsvision nach Vorstellung der politischen Enthusiasten einer solchen Globalisierung: Nation, Staatsvolk, Staatsgrenzen und nationale Kultur werden egal gemacht. Damit wird übrigens auch unsere Verfassung egalisiert.

Zugespitzt stellte Baverez zehn Jahre später in *Reveillez-vous!* zu Recht die Frage, ob die Bevölkerung unfähig sei oder die Regierung. Diese Elitenkritik gibt es in vielen europäischen Ländern, die durch Aufklärung und Individualismus gingen. Und dabei haben die Franzosen ein Elite-Ausbildungssystem, die École nationale d'administration (ENA). An einer mangelnden Ausbildung der französischen Elite liegt es also nicht. Es müssen Charakterfragen sein, um die es geht. Beide Länder, Frankreich und auch Deutschland, wurden und werden in den Augen von Baverez wie im Leerlauf geführt – seit Jahrzehnten. Das geht viel tiefer als die Frage, ob mal die Linken oder die Rechten an die Regierung dürfen. Baverez konstatiert, dass diese Reformverweigerung ansteckend ist und alle Bereiche des öffentlichen Lebens kontaminiert, indem keiner mehr Verantwortung übernimmt: das großes Egal entsteht.

Auf den Verlust der Funktion des Geldes ist keiner vorbereitet

Solche Gedanken über die tieferen Gründe unserer Situation jenseits des veralteten Links-rechts-Schemas gibt es inzwischen auch in Deutschland. Hierzulande ist seit der Agenda 2010 nichts Wesentliches mehr an aktiver Reform zur Gestaltung der Zukunft passiert. Und in den USA ist mit der damaligen Wahl von Donald Trump das ewige Ying und Yang zwischen Demokraten und Republikanern aufgebrochen worden. Präsident Biden kann dies nicht heilen. Einer der wirklich tieferen Gründe für das Ende der Verschiebebahnhöfe in der Politik ist das sich ankündigende Ende der bisherigen Funktion des Geldes in unserem Wirtschaftssystem. Darauf sind beide Seiten nicht vorbereitet. Geld ist in unserem Gesellschaftssystem ein wesentliches Element für Freiheit und Selbstbestimmung, aber auch für Unterdrückung und Ausbeutung. Hier lässt sich viel aus der Analyse von Adam Smith in den USA und Deutschland im 19. Jahrhundert ableiten, wenn man sich mit den Grundvoraussetzungen für die Stabilität einer liberalen Gesellschaft befassen will. Bis heute ist die Funktion des Geldes eine zentrale Frage der Staatsphilosophie und der Politikwissenschaft. Und wenn diese zentrale Säule der Stabilität einer liberalen Gesellschaft fällt, dann ist der »Restliberalismus« vielen wahrscheinlich nicht mehr so viel wert, es sei denn, man kann sehr selbstbestimmt leben. Freiheit ist individuell. Von der EZB monatlich willkürlich zugewiesene digitale Euros sind keine Freiheit.

Hätte die CDU in den 1990er Jahren auf Günter Rohrmoser gehört, hätte sie sich intellektuell vielleicht mit dem Zerfall der französischen UMP und der italienischen Democrazia Christiana befassen und ihre politische Strategie schärfen können, anstatt es zu einer AfD kommen zu lassen. Chance vertan. Nun muss sich der deutsche Konservatismus neben dem rechten Stammtisch politisch neu aufbauen und begründen – das wird nicht leicht. Als Stimme der Vernunft gibt es vielleicht eine Chance, aber das hat der amtierende Bundeskanzler Olaf Scholz auch schon verstanden und versucht so, politisches Terrain gutzumachen, um nicht mit seiner SPD das Schicksal der Parti socialiste in Frankreich zu teilen.

Auch in Deutschland wird inzwischen öffentlich diskutiert, wie die Übernahme von Verantwortung aussehen muss und dass wir als moderne Nation an einem Scheideweg stehen. Welche Richtung wir einschlagen werden, ist noch völlig offen. Andreas Reckwitz sprach in den letzten Jahren davon, dass das Paradigma des öffnenden Liberalismus (Linke meinen damit Emanzipation und Liberale Marktliberalismus) in eine Krise geraten ist, wie ein Pendel, das zu weit ausschlägt. Den Menschen wird schlichtweg schlecht. Illiberale Bewegungen sind eine natürliche Reaktion auf diese übertriebenen Pendelausschläge in der Gesellschaft, also Krisensymptome einer Überdynamisierung der Gesellschaft. Sie braucht nicht noch mehr und neuen Schwung, sondern mehr Stabilität und Maß. Gehen die Übertreibungen weiter, weil die liberalen Kräfte in Gesellschaft und Wirtschaft nicht zur Besinnung kommen, könnte auch das Illiberale gewinnen, meint Reckwitz, sozusagen als Notbremse, die von der Bevölkerung betätigt wird. Denn diese überdynamisierenden Kräfte bei Grünen und Liberalen schaffen inzwischen mehr Probleme mit der bunten Gesellschaft und dem entfesselten Marktkapitalismus, als sie lösen. So ist zum Beispiel die Ehe für alle emanzipatorisch eine Öffnung der Gesellschaft hin zur Diversität von Lebensstilen, aber sie ist auf der anderen

Seite auch eine Egalisierung. Es ist nicht egal, ob man die Ehe rein romantisch begreift oder als gesellschaftliche Institution zum Fortbestand der Gesellschaft durch Kinder, die deshalb auch zu Recht im Grundgesetz unter besonderem Schutz steht. Die Verfassung dient dem Volk, seinem Schutz und seinem Bestand. Das mag in den Ohren derer, die das offensichtlich immer absichtlich falsch verstehen wollen, völkisch und rassistisch klingen, ist es aber nicht, denn die Ehen der Zuwanderer und deren Kinder sind genauso gemeint. Die Bevölkerung in Deutschland ist inzwischen genetisch sehr vielfältig, insbesondere unter jungen Leuten.

Übertrieben wirtschaftsliberal ist zum Beispiel die Entwicklung des vagabundierenden Geldes, das die viel zu knappen guten Investments weltweit sucht und von Zentralbanken mit Schulden und Gelddrucken weiter aufgebläht wird. Dieses Gift für einen stabilitätsorientierten Mittelstand, wie er in Mitteleuropa historisch gewachsen ist, täuscht Wohlstand vor, der nicht existiert. Eine soziale Marktwirtschaft wäre ohne Mittelstand nicht vorstellbar. Globalisierung gerne, aber nicht um den Preis der eigenen Abwicklung, wäre hier das Ziel für eine geeignete politische Korrektur. Gelingt das nicht, steht eine »Anti-Globalisierung« ins Haus – nicht die der Linken und Grünen, sondern die der Konservativen, Nationalen und »Normalen«, die genauso überfordert sind vom kollektiven Experiment der Selbstentfaltung eines jeden Einzelnen wie diejenigen, die sich entfalten. Am Ende verlieren beide den früher gemeinsamen Boden unter den Füßen – wahrscheinlich, weil man noch vor zwei Jahrzehnten die Globalisierung dachte, ohne die Auswirkungen der Digitalisierung in die Szenarien für die Zukunft irgendwie einzuarbeiten. Befürworter sahen immer nur Gewinner – vor allem sich selbst. Wie werden sie sich sehen, wenn auch ihre Jobs nicht mehr gebraucht werden, weil die Künstliche Intelligenz (KI) unterrichtet, Versicherungen makelt, dolmetscht, programmiert und die Steuererklärung macht?

Plus und Minus der Globalisierung

In den letzten zwei Jahrzehnten ist dieses Thema unter Stichwörtern wie »Modernisierungsverlierer und -gewinner« diskutiert worden: an dieser Linie hat sich tiefsitzender Zorn aufgebaut. Olaf Scholz schien das 2021 erkannt zu haben. Mit seiner Parole »Respekt« hat er das im Bundestagswahlkampf aufgegriffen und fand dafür deutliche Unterstützung beim Wähler.

Dieser Verlust des gemeinsamen Bodens in Form von Respekt in der Gesellschaft ist schmerzhaft: Aggressive Kommunikation, abgrenzende Kommunikation, tätliche Übergriffe und nun seit zwei Jahren auch noch ein zunehmend übergriffiger Staat machen einem das Leben schwer.

Meinhard Miegel hat das vor längerer Zeit schon einmal in seinem Buch *Epochenwende* herausgearbeitet: Ohne den globalen Austausch von Waren und Dienstleistungen wäre hier und weltweit vieles teurer. Unser Wohlstand beruhe auf dieser Arbeitsteilung. Miegel formuliert die Konsequenz expliziert: »Die Menschen in den frühindustrialisierten Ländern sind verstört [...]. Sie versuchen erfolglos, das, was um sie herum geschieht, mit ihren überkommenen Denk- und Begriffsschablonen zu erfassen.« (S. 80). Hilflosigkeit und Ohnmacht – nicht nur bei den Regierten, sondern auch bei den Regierenden – bringen alle in die Defensive, weil der Lebensstandard gefährdet ist. Angela Merkel war die personifizierte Schlummertaste, die viele allzu gern noch einmal drückten, um nicht in diesen realen Alptraum raus zu müssen, der sich vor der Tür breitmacht. Vielleicht ist Herr Scholz auch nur eine Schlummertaste. Das wird die Zukunft zeigen.

Miegel hebt zentral auf die Bedeutung von Bildung ab. Er sieht den Bildungsvorsprung dahinschmelzen, auch durch erhebliche Qualitätsverluste im deutschen Bildungssystem. Das ist inzwischen auch vielen egal. Das wichtigste Erbe der europäischen Aufklärung sei Bildung, Bildung und nochmals Bildung. Nun stehe aber global quasi die Ansage im Raum: »Völker des Westens, ihr wart mal etwas Besonderes. Ihr seid es nicht mehr. Was ihr könnt, können Hunderte von Millionen auf der ganzen Welt.« (S. 81). Diese Entwicklung ist für viele Europäer eine tiefe Kränkung. Wir werden bedeutungslos. Manche Politiker sind selbst sehr von dieser Entwicklung erfasst und fokussieren ihre vielen Zukunftsängste in der Kollektivangst vor Corona. »Wir sind im Krieg«, hat Präsident Macron es genannt.

Wer hetzt wen auf und warum?

Seit der Forschung von Gustave Le Bon und seinem Buch *Psychologie der Massen* ist man in Europa mit der Theorie zu massenpsychologischen Phänomenen und der Steuerung der Massen durch Emotionen vertraut. Das wurde im 20. Jahrhundert vielfältig durchgespielt. Wir müssten eigentlich historisch wissen, dass die Impfung keine Erlösung von unserem allgemeinen Elend ist, sondern hier auch ein Konflikt politisch geschickt genutzt werden kann, um einen Bruderzwist in der Bevölkerung auszulösen, damit sie abgelenkt ist von den Zukunftsbedrohungen, auf die die Regierung keine Antwort hat. Ein Feind wird gebraucht, dem man das gesamte eigene Seelenleid aufbürden kann. Da kommen »Sozialschädlinge«, »Covidioten« und Schlimmeres gerade recht. Und es gibt Politiker, die diese Begriffe verwenden und die Bevölkerungsteile weiter aufeinander hetzen. Da wurde seit 1933 nichts gelernt – übrigens links und rechts nicht, wenn man sich ansieht, wer sich alles auf welche Weise öffentlich äußert. Schande. Und Chuzpe, wer sich hinterher noch öffentlich hinstellt und sich über Hass und Hetze anderer auslässt. Aber dergestalt ist die Regierung davor geschützt, dass alle gemeinsam die Regierungspolitik bzw. eher deren Fehlen kritisieren.

Der Linken dämmert, dass sie ihre Gleichheitsversprechen bei Wohlstandsverlusten in der Globalisierung nicht mehr wird einhalten können. Der Schmerz ist gewaltig. Die Verleugnung ist es auch.

Kulturessenzialismus

Der Soziologe Andreas Reckwitz spricht von Kulturessenzialismus. Es geht für manche auf der konservativen Seite also ums Ganze. Man will wieder in seine Gruppe zurück, zu der man gehört. Man will sein Leben zurück. Das wird in seiner Grundsätzlichkeit und Tiefe auf der anderen, linken, Seite sträflich unterschätzt. Wann demonstrieren denn schon Konservative? Wenn es wirklich allen reicht. Und wenn Linke und Grüne, nun an der Macht, die Demonstranten beschimpfen, denunzieren und bedrohen, dann kann man sich sicher sein, dass die wirkliche politische Mitte auf der Straße ist. Die politische Linke kann es den normalen Bürgern in Ostdeutschland, die 1989 die Vorläufer der heutigen Linken, also Kommunisten, zum Teufel jagten, wohl politisch nicht verzeihen, dass sie den Sozialismus irgendwie nicht und den Kapitalismus irgendwie schon haben wollten. Deshalb sind sie in ihren Augen heute widerspenstige und ewiggestrige Konservative, die man als Rechtsextreme klassifiziert, um sich gar nicht erst mit ihren Fragen befassen zu müssen, denn mit Nazis redet man bekanntlich nicht.

Die Affektkontrolle lässt allgemein nach und die Leute sind gereizt. Sie fürchten sich zu Recht vor dem großen Nichts. Die Gefährdung des erreichten Wohlstands ist der Elefant im Raum. Alle sehen ihn, spüren seine Anwesenheit. Keiner spricht es aus. Eher sucht man wieder Sündenböcke: Umgeimpfte zum Beispiel, auf die man den Volkszorn lenken kann, damit man selbst nicht angegriffen wird. Seit Thomas Morus wissen wir, dass sich die Verheißung des Paradieses auf Erden immer super anhört und am Ende vielen dann die Hölle bereitet, wenn sich der Mensch an die Umsetzung dieser Idee macht. Die Medien spiegeln die Auseinandersetzungen in der Bevölkerung nicht wider und wundern sich, dass viele Bürger sie genauso wenig ernst nehmen wie die Politik, die die Bevölkerung schon lange nicht mehr repräsentativ vertritt, wenn man sich die Zusammensetzung der Parlamente ansieht.

Echte Demokratie?

Die Kritik daran, dass die Staatsmänner (und -frauen) die »Fühlung mit dem Volk« verloren hätten, ist wahrlich nicht neu. Neben mangelnder politischer Bildung der Bevölkerung, die zu beheben sei, sah Karl Jaspers in Deutschland als gemeinschaftsbildende Faktoren: Heimat, Geist und Sprache, die es zu fördern und zu wahren gelte. Eben dieser gesellschaftliche Kitt unterliegt seit den 1960er Jahren einer ständigen Erosion, die politisch offenkundig gewollt ist. Dass die CDU sich diesem Prozess nicht ausreichend widersetzt hat, ist ihr größter politischer Fehler. Man muss nicht im Mief der 1950er Jahre verhaftet bleiben, wenn man seine Heimat liebt. Man muss ihre Definition immer wieder einmal einer Revision unterziehen und dabei das Unverzichtbare stabil halten. Jaspers war ein Freund der direkten Demokratie. Er hielt nichts vom Parteienstaat. Er sah die Gefahr einer Parteienoligarchie, die so tue, als sei sie der demokratische Staat, und kritisierte, dass große Schicksalsfragen nicht an das Volk gingen, sondern das Volk deren obrigkeitsstaatliche Beantwortung ertragen müsse. Seiner Meinung nach stelle diese Entmachtung des Volkswillens die Demokratie selbst infrage. Die Parteienoligarchie verachte das Volk, seine »Dummheit«. Hans-Olaf Henkel griff das vor einigen Jahren auf. In seinem Buch *Der Kampf um die Mitte* vertiefte er wie Günther Rohrmoser 20 Jahre zuvor unter fast demselben Titel zu Recht das Problem, dass heutzutage jede Partei behaupte, sie sei die Mitte, in Wahrheit aber eine Minderheit sei, die mit besonders viel Aufmerksamkeit bedacht werden will oder sie sich verschafft. Während sich alles links von der Mitte dränge und an Radikalität zu übertrumpfen versuche, sei die Mitte verwaist, die »Normalen« politisch heimatlos.

Wir sitzen alle im selben Boot

Ich hatte immer dieses Bild von einer funktionierenden Demokratie: Wir sitzen alle in einem Boot – manche links, manche rechts und viele in der Mitte. Rudert ein Seite zu heftig, spritzt es ins Boot und man dreht sich im Kreis. Rudert keiner, treibt das Boot ohne Kurs übers Wasser, allen Unbilden von außen ohne jede Regulierung ausgesetzt. Kentern ist immer eine reale Gefahr. Sammeln sich zu viele links oder rechts, müssen die in der Mitte genau überlegen, wie sie das Gleichgewicht des Bootes halten, damit es nicht kentert und alle ertrinken. Mal muss man links den Grünen in der Umweltfrage mehr Gewicht geben, mal rechts den Konservativen in der Integrationsfrage. Mit Wahlen konnte man das gut austarieren, wenn man mitdachte, oft auch intuitiv. Heute ist die Zeit zu schnelllebig und sind die Parteien zu beliebig, um den Kurs nur alle vier, fünf Jahre zu korrigieren. Es muss zwischen den Wahlen Volksentscheide zu gravierenden Fragen geben. Sonst bliebt die Demokratie in Deutschland defizitär und macht sich damit vielleicht egal.

Hans-Olaf Henkel verweist darauf, dass dem Abschied von den Bürgerlichen der Abschied von der Wirtschaftsmacht folgen werde. Das erleben wir gerade. Bürgertum sei ein Erfolgsmodell: selbstbestimmt für sich und seine Mitbürger einzustehen. Was man heute abschätzig »heile Welt« nenne, hätte im Wesentlichen aus der Anstrengung, sich ein gewisses Niveau an Moral und Kultiviertheit zu erarbeiten und an seine Kinder weiterzugeben, bestanden. Statt sich gehen zu lassen, was heute als besonders erstrebenswert gilt, bemühte man sich, ein Vorbild abzugeben. Ein weiteres Element des Bürgertums leitet er aus der Rechnungslegung vor Gott am Ende des Lebens ab: Man lebe jederzeit unter einem Maßstab, an dem man sich messen lassen möchte und muss. Das setze Ehrlichkeit, Aufrichtigkeit und Wahrheitsliebe voraus. Wer das nicht mitbringe, der könne für sich eine neue Geschichte erfinden oder sich selbst neu erfinden und ständig wieder von vorne anfangen, nach dem Motto: nach mir die Sintflut und vor mir das Abenteuer! Aber darauf, so Henkel, lasse sich keine Gemeinschaft, geschweige denn ein funktionierendes und tüchtiges Staatswesen aufbauen.

Da all diese Entscheidungen inzwischen mehr und mehr der europäischen Kollektivverwaltung in Brüssel zu Füßen gelegt werden und somit immer mehr Entscheidungsmacht an etwas sehr Unübersichtliches abgegeben wird, haben die Parlamente immer weniger zu melden. Auch das stärkt Jaspers' Idee der direkten Demokratie. Grundlegende Fragen muss das Volk selbst entscheiden.

Unklare Zukunft

Für Andreas Reckwitz ist völlig offen, wie das Rennen ausgeht: es könnte bei Dynamisierung und Liberalismus bleiben, es könnte ins Illiberale übergehen oder vielleicht eine Symbiose entstehen, indem Linke und Liberale quasi den Fuß vom Gaspedal nehmen und Konservative alles neu verfugen und zusammenschweißen, bevor der ganze Laden auseinander fliegt. Ob da die Linken und die Liberalen ein Einsehen haben werden, ist ungewiss. Oft humorlos und in ihre Zielmonstranzen gnadenlos verliebt, fällt es ihnen schwer, sich selbst zurückzunehmen – insbesondere, da sie alle so lange darauf warten mussten, im Bund wieder an die Macht zu kommen. Die Frage nach der Kernenergie ist für die Grünen ein solcher erster Test, ob sie aus ihren moralischen Irrgärten und ihrer Monstranzenschlepperei herausfinden werden. Wer Europa wichtig findet, sollte in der Energiefrage eine europäische Mehrheit nicht bekämpfen. Der deutsche Sonderweg in der Energiefrage ist ein inzwischen für jeden nachvollziehbarer Irrweg, wenn man dessen bisherige praktische Umsetzung für ein Industrieland betrachtet, die zu unsicher und viel zu teuer ist.

Können Demokratien in schwierigen Zeiten politisch liefern?

Die deutschen Politiker müssten insgesamt dringend ausnüchtern. Diese moraltriefenden Nebelschwaden trüben den klaren Blick. Die Lage ist viel zu ernst, um sich den Luxus leisten zu können, nicht genau und konzentriert hinzusehen. Der Traum, die liberalen Demokratien seien ein weltweiter Exportschlager und man sei führend in der Welt, ist ausgeträumt. Die globale Shoppingtour ist auch vorbei. Es steht vielmehr die Frage im Raum, wie und ob die freiheitlichen Demokratien überleben können. Seit zehn Jahren diskutieren Think-Tanks international die Frage: »Can democracies deliver?«

Je mehr die Zukunftsfragen als unlösbar erscheinen, desto mehr wird offenbar kollektiv in Traumwelten ausgewichen, durch die anstehende Legalisierung von Cannabis nun auch ganz offiziell. Die unwägbare Zukunft ist eine solch große Bedrohung, dass mit allen Mitteln von ihr abgelenkt werden muss – bewusst und unbewusst. So wie man lieber erst einmal ein Spiel auf dem Handy spielt, anstatt die Wäsche zu waschen, oder ein Bierchen aufmacht, anstatt die Rechnung zu bezahlen, die zum zweiten Mal angemahnt wird.

Dabei haben wir manche Bedrohung erst mit unserem Verhalten aufgebläht. Der demografische Wandel ist keine Naturkatastrophe, sondern eine individuelle und eine gesellschaftliche Entscheidung. Nun sind die jungen und flotten Jahre vorbei und man bemerkt, was das Alter ohne Kinder bedeuten kann.

Zusammenraufen oder Kentern

Der Zukunftsforscher Matthias Horx hat das im Herbst 2021 in einem Vortrag, den ich mir anhören konnte, so zusammengefasst: Der Baustellencharakter des Lebens nehme zu. Es werde schwieriger, zwischen Hypes, Panik und Trends zu unterscheiden. Die Urbanisierung entschleunige sich langfristig. Solche Trends würden im Widerspruch gebrochen und dann als neue Wirklichkeit synthetisiert. Das stellt meines Erachtens die Herausforderung für die aktuelle Bundesregierung dar. Sie muss die Manieriertheiten der letzten 40 Jahre aus ihren Programmen entfernen und sich den neuen Realitäten stellen. Nach seinen Worten müssten Multibiographien und Generationstypen kooperieren. Da kann man also getrost als Jungspund in Zukunft auf das verächtliche, manchmal schon aggressive »Is gut, Boomer« im Sinne von »Klappe halten« für Leute über 60 verzichten, und die Älteren müssten die »IT-Nerds« und die »Heulsusen-Generation«, die zwischen 1981 und 2020 geboren wurde, unter ihre

Fittiche nehmen, ohne sie zu bevormunden und ständig anzunölen. Die »Zweifler«, die zwischen 1961 und 1989 geboren wurden, sollen weiter zweifeln, weil das die Demokratie belebt, aber ordentlich mit anpacken, weil das die Nation retten kann. Vor uns liegt eine Entwicklung, die die Generation der »IT-Nerds« und der »Heulsusen« in der Realität straucheln lassen wird, weil ihr Weltbild und die Wirklichkeit einfach nicht übereinstimmen. Es gibt viele Parallelwelten. Da liegt das Kentern unseres Bootes »Deutschland« im Bereich des Möglichen. Entweder sind wir gemeinsam verschieden oder jeder krault allein zur nächsten Insel. Deshalb müsste einer, der navigieren kann, das Steuer übernehmen, dabei aber mit der gesamten Mannschaft den Kurs immer wieder abstimmen. Starke Kommunikation wird mehr gebraucht als ein starker Mann.

Starker Mann oder gute Crew?

Wenn man das Bild noch etwas ausbaut, dann kann man sich das Boot »Deutschland« auch als großes Schiff vorstellen. Allerdings rauchen die Schornsteine schon lange nicht mehr. Richtig Segel setzen kann auch keiner – ist zwar naturnah, will aber auch gelernt sein. Aber die Ingenieure, die Mechaniker und die Heizer sind schon vor langer Zeit aus dem Maschinenraum hinauf aufs Sonnendeck gekommen. Rote, gelbe und grüne Fernländerträumer hatten alle mit ihren Reden in den Bann geschlagen, da wollten dann auch die rußverschmierten Schwarzen aus dem Maschinenraum nicht mehr als »die da unten, die die Arbeit machen«, ausgelacht werden, sondern selbst so tolle Reden schwingen und von allen geliebt und verehrt werden. Ob die CDU inzwischen überhaupt noch Ingenieure und Mechaniker vom Fach hat, ist offen. Vielleicht hat sie ja das Vertrauen der Bevölkerung, das Schiff gut am Laufen zu halten, auch deshalb verloren, weil nur noch schwarze Leichtmatrosen anheuern und die CDU gar kein Fachpersonal mehr aufweisen kann?

Es wäre schön, wenn Deutschland es schaffen würde, diesen europäischen Mindeststandard, dass man zuhören muss und auch der andere Recht haben könne, wieder herzustellen. Wenn die CDU das schafft, ist sie zurück im Spiel. Dazu müsste sie aber wahrscheinlich im Boot ihr Gewicht nach rechts verlagern und dieser Seite Gehör und Respekt verschaffen, ohne dabei die Mediatorrolle aufzugeben. Die aufkommende Protektionismus-Debatte, der Rückzug aus der Globalisierung auf die eigenen Kontinente, wird zu einer Rückkehr der nationalen Politiken führen. Das haben wir Deutschen vollkommen verlernt. Das ist aber die wichtigste politische Aufgabe der Regierung unseres Staates in der nahen Zukunft. Wir dürfen auf die Lernkurve der amtierenden Regierung gespannt sein.

Es ist klar, was das bedeutet: eine restriktive Migrationspolitik, wie sie bereits in vielen europäischen Staaten in Angriff genommen wurde, um vor allem das Niveau der Integration zu verbessern und um die Sozialhaushalte zu schonen, ist nötig. Dafür braucht es ein gemeinsames, klares Grenzregime. Eine vernünftige Energiepolitik, die sich neben der CO_2-Reduktion auf Bezahlbarkeit und Netzstabilität innerhalb eines gemeinsamen europäischen Energieportfolios ausrichtet, wird dringend gebraucht. Auch eine positive, bejahende Familienpolitik ist nötig. Und, last but not least, brauchen wir eine Kehrtwende in der verlotterten Finanzpolitik.

Die Menschen erkennen zusehends, was passiert. Sie werden unruhig, weil sie nicht die Absicht haben, sich und ihr Leben einer gedankenlosen Überdynamisierung zu opfern, nur um nicht als »gestrig«, als »dumm« oder (ganz beliebt) als »Nazi« diffamiert zu werden. Jetzt geht es ans Eingemachte und da sind Worte Schall und Rauch. Bertolt Brecht hatte da schon recht: Erst kommt das Fressen, dann die Moral. Die ersten Versorgungsengpässe wurden in den Medien bereits angekündigt. Die Leute, auch die einfachen, lesen mehr und machen sich kundig – im Internet. Jaspers hätte vielleicht seine Freude daran gehabt, obwohl da nicht alles hochwertig bildend ist. Das bekommt das öffentliche-rechtliche Fernsehen aber auch nicht mehr hin: ist also inzwischen egal. Die offenbar über Jahrzehnten aufgebaute und nun real existierende linke und grüne »Staatspropaganda« haben viele lange nicht wahr genommen. Jetzt liegen die Propaganda und die Realität so weit auseinander, dass man es von Tag zu Tag mehr wahrnehmen kann. Das öffentlich-rechtliche Fernsehen hat sich selbst zum öko-sozialen Erziehungsfernsehen verzwergt. Junge Menschen informieren sich online. Die Blase platzt – langsam und lautlos, aber sie platzt. Mehr Popcorn, bitte!

Die Blase platzt – die ökonomische und die Propagandablase

Der Umgang mit Corona öffnet die Augen: Die Regierung hat selbst so viel Zukunftsangst, dass sie alle möglichen Zukunftsängste in der Bevölkerung auf die Corona-Angst konzentriert. Bürger werden gegen Bürger aufgehetzt, die in eine tiefe Zwietracht geraten, sodass die Eliten, ihr Handeln und ihr Versagen aus dem Fokus geraten. Wir müssen jetzt erst einmal gemeinsam Corona bekämpfen, heißt es. Das ist genauso eine Super-Ausrede wie der Klimawandel, wenn man zu wenige praktische Antworten auf die täglichen Herausforderungen des Lebens hat.

Entweder kommt es zu einer neuen Debattenkultur, die die Demokratie stärkt, oder die Demokratie wird zunehmend in ihrem Ansehen absinken, denn die Leute steigen aus, auch die Mittelklasse. Populismus ist das Ergebnis der Entwicklung, nicht die Ursache. Die Eliten werden zunehmend verachtet, weil sie kein Vorbild sind. Früher traten Minister noch zurück, wenn ihre Doktorarbeit nicht in Ordnung war. Diese Maßstäbe wurden insbesondere von den jetzigen Machthabern in den letzten Jahren öffentlich recht lautstark gesetzt. Und nun stellt dies bei denselben Personen kein Problem mehr dar, das einen davon abhalten würde, sich damit an die Spitze eines Bundeslandes wählen zu lassen. Dieses zweierlei Maß sprengt die gemeinsame Grundlage. Eine Demokratie ist auf natürliche Autorität angewiesen, denn sie ist eine freiwillige Veranstaltung. Die Überprüfung, ob Demokratien in dieser Frage der natürlichen Autorität im Dialog mit der Bevölkerung politisch liefern können, steht weltweit an. Die Regierung müsste ehrlich sein und dem Volk vertrauen. Spannend.

2. Diskurs: Die Attraktivität des Totalitären und der anmaßende Verwaltungsstaat

Naive Fehldeutungen

Der britische Philosoph John N. Gray hat die gewalttätigen und diplomatischen Konflikte kürzlich erst wieder als Symptome einer »Ära des starken Mannes« beschrieben. Dies seien allesamt Abweichungen vom normalen Gang der politischen Entwicklung – »normal« aus der Sicht des liberalen Westens wohlgemerkt. Aber genau das sei, moniert Gray, eine naive Fehldeutung. Falsifikation in der Realität gilt als Scheitern in der Politik. Diese mangelnde Fehlerkultur in der Politik erklärt diesen neuen Dogmatismus, unter dem wir inzwischen leiden. Und ob die Linke und die Grünen über ihren Schatten springen und ihre Fehler zugeben können, darf zumindest begründet angezweifelt werden. Die Partei hat immer recht, summt der Ostdeutsche da grinsend vor sich hin …

Linke und Grüne können solche Irrtümer nicht zugeben, Liberale wahrscheinlich auch nicht. Sie leben davon, dass Jetzt schönzureden und das Morgen schwärmerisch auf Hochglanz zu polieren. Sie müssen geschichtslos handeln, weil sie eine neue Zeit versprechen, die so wunderbar anders sein wird, dass sie nichts mit all der vorherigen Geschichte zu tun haben kann. Damit wurde ja gebrochen – mit dem Alten und Falschen. Deshalb enden Linke und Libertäre immer wieder in einer Sackgasse – sie denken und handeln nicht historisch, sondern nennen nur ihre aktuelle Regierungstätigkeit »historischen Wandel«.

Gray ruft die jüngste Geschichte in den Zeugenstand. Man erwarte von postkommunistischen Gesellschaften, dass sie sich nach dem totalitären Klammergriff sozusagen durch »natürliche« Metamorphose in liberale, demokratische Gesellschaften verwandeln würden. Ähnliches prognostizierte man auch den Gesellschaften im Nahen Osten und in Nordafrika nach dem »Arabischen Frühling«. Dieser Prozess blieb aus. Die Demokratie westeuropäischer Bauart will sich einfach nicht durchsetzen. Sie ist nicht der Exportschlager, für den man sie immer – recht selbstgerecht – hielt. Und keiner, der sie so gerne exportieren wollte als den Stein der Weisen, fragt sich öffentlich, warum das so ist. Als sei die Gesellschaftsform der Demokratie quasi ein Naturgesetz.

Gray führt aus, dass Demokratien auf eine vordemokratische, liberale Matrix angewiesen sind als Vorbedingung ihrer Existenz: Familie, Religion, Heimat … Wie können Gesellschaften es schaffen, miteinander zu leben? Toleranz wird in der Buntheit einer zusammengehörigen Familie erlernt – im geschützten Raum. Im ungeschützten Raum ist das nur wieder der alte »bellum omnia contra omnes«, dem der Rechtsstaat eigentlich Einhalt gebieten sollte.

»Warum fahren die Liberalen fort, die Gegenwart falsch zu lesen?«, fragt Gray in der *NZZ*. Ihm ist unverständlich, warum sie die AfD, den Aufstieg ähnlicher Parteien in Polen und Ungarn, Österreich und Italien beklagen, aber sich nicht selbst fragen, was dieser Prozess für ihr Geschichtsbild und ihr bevorzugtes politisches Programm bedeute. Naiv sei diese Vorstellung von der natürlichen Verbreitung der liberalen Demokratie, weil sie nicht mit ihrer Falsifikation, mit ihrem Scheitern, rechne, so Gray. Seinen selbstgefälligsten Ausdruck fand dieses Verständnis in seinen Augen in Francis Fukuyamas Buch *Das Ende der Geschichte*.

Wer sage denn, dass Viktor Orbán, früher selbst ein Liberaler, am Ende nicht recht haben werde mit seiner illiberalen Demokratie? Eine liberale Demokratie sei kein zementierter Zustand, sie sei brüchig. Die

Liberalen seien sich oft nicht bewusst, dass das, was wir in liberalen Zuständen erreichten, immer wacklig sei. Das hätten die Gegner des Liberalismus besser erkannt als seine Befürworter und nutzten unsichere soziale, politische und wirtschaftliche Situationen geschickt aus. Was die Verschlagenheit der politischen Mittel angehe, steche der Antiliberalismus den Liberalismus aus. Das gilt übrigens für beide Seiten: links und rechts.

Francis Fukuyamas Korrektur

Interessanterweise hat Francis Fukuyama viele seiner Ideen aus dem Buch *Das Ende der Geschichte* widerrufen oder neu gedeutet. Er arbeitet inzwischen an einer Idee von Leitkultur und hat ein neues Buch veröffentlicht: *Identität. Wie der Verlust der Würde unsere Demokratie gefährdet.* So weit waren Bassam Tibi und Friedrich Merz allerdings schon vor 20 Jahren. Gemeinsam ist allen dreien, dass es wichtig sei, die Probleme einer diversen Gesellschaft zu lösen. Fukuyama kommt zu dem Schluss, dass die verfehlte linke Politik wesentlich Menschen dazu getrieben habe, für den Brexit zu stimmen, für Donald Trump zu votieren oder die AfD stark zu machen. Der Sozialstaat habe sich im Laufe der letzten Jahrzehnte zu einer immer feiner getunten therapeutischen Gesellschaft entwickelt. »Jede marginalisierte Gruppe konnte auf einer besonderen

Identität bestehen, die sich von jener der Mehrheitsgesellschaft unterschied, und dafür Respekt verlangen«, erklärt Fukuyama.

Daran sei auch gar nichts verwerflich. Problematisch sei der Parallelbefund dazu: Der »seit 30 Jahren andauernde Trend ausufernder sozioökonomischer Ungleichheit« sei in den meisten liberalen Demokratien gar kein Gegenstand linker Politik mehr. Ob es daran liegt, dass der Trend Gesellschaftsmitglieder trifft, deren Identität die Linke eher geringschätzt, »die europäische (weiße) Ethnizität, das Christentum, die Landbevölkerung, traditionelle Familienwerte und anderes«, mag Fukuyama nur mutmaßen. Da traut er sich nicht richtig.

Nationalstaat und Leitkultur

Fukuyama gibt den westlichen Demokratien, die sich viel auf ihre Antidiskriminierungspolitik einbilden, einen Rat: »Liberale Gesellschaften haben gute Gründe dafür, sich nicht um eine Reihe unablässig wuchernder Identitätsgruppen zu organisieren, die für Außenstehende unzugänglich sind.«

Denn diese Identitätspolitik entwickle eine Dynamik, die den gesellschaftlichen Kitt und den Konsens bedrohe. Fukuyama bietet die Nation als Lösung an. Die erfordere eine Leitkultur. Es gehe um eine Lebensart und einen Lebensstil, der historisch unterschiedlich gewachsen sei. Ist das nicht herrlich? Fukuyama formuliert die Kategorie »Leitkultur« auch im englischen Original seines Buches auf Deutsch. Er nennt es – sehr amerikanisch – eine nationale Bekenntnisidentität und fordert mehr Assimilation von Zuwanderern. Das kann er sich als Kind von Zuwanderern auch erlauben, und es passt zu jeder liberalen Demokratie, sei sie homogen wie Japan oder divers wie die Vereinigten Staaten. Es wäre zumindest eine Möglichkeit, politisch der Angst, von Globalisierung und Liberalisierung kulturell und existenziell hinweggerafft zu werden, zu begegnen.

In mehreren europäischen Ländern haben linke wie rechte Regierungen diese Idee angenommen und ihre Migrations- und Integrationspolitik zum Teil drastisch neu ausgerichtet. Sehr auffällig war das in den skandinavischen Ländern, die als sehr liberal in solchen Fragen galten, insbesondere in Dänemark. Nur Deutschland schlummert noch vor sich hin. Vielleicht, weil, wie Fukuyama ausführt, Identitätspolitik den Klassenkampf abgelöst habe. Und nun habe die AfD eine starke Bevölkerungsgruppe mit einer Identitätspolitik an sich gebunden. Da die AfD kein charmanter Neuzugang in den Parlamenten ist und sie von allen anderen Parteien gemieden wird – was zu solch skurrilen Ideen führt wie mögliche Koalitionen von CDU und der Linken –, wird dieser Identitätsstreit wirklich wie Klassenkampf geführt. Wie wäre das schön, wenn die Deutschen eine selbstbewusste Nation mit klarer Identität sein könnten, die wie jeder »Pipiverein« ihre Identität schützen darf und als Kulturnation auch ein Anrecht darauf hätte. Deutsch sein dürfen und wissen, was das ist, aufklären über die eigene Kultur, die eigene Geschichte leben und die großartigen nationalen Leistungen wertschätzen – das wäre doch wundervoll und könnte die seelische Bedürftigkeit vielleicht am Ende besser mildern als materielle Dinge.

Rolle der Integration

Eine – nicht die einzige – konservative Gretchenfrage, deren Beantwortung eine wichtige Weiche zwischen liberaler und illiberaler Demokratie zu stellen vermag, heißt aber: Wir hältst du es mit der Integration? Entscheidend für die erfolgreiche Integration ist die Anzahl der Fremden. Es geht um die Annahme der Bräuche und des Alltagslebens der aufnehmenden Gesellschaft. Die, die sich schon integriert haben, sollte man schätzen. Die, die sich anstrengen, Deutsch zu lernen und eine Ausbildung zu machen, sollte man ermutigen und unterstützen. Leute, die sich Sorgen machen, darf man nicht beschimpfen. Man darf die Aufnahmewilligkeit der Einheimischen nicht überstrapazieren.

Es gibt recht viele Muslime, die sich nie integrieren werden. Sie wollen das ausdrücklich nicht und fordern Integrierte auf, wieder zu Muslimen ihrer Art zu werden. Daher reicht das Einhalten der Gesetze nicht als Integration, auch wenn das mitunter schon ein Fortschritt wäre. Und natürlich hat es mit dem Islam zu tun: er widersteht modernen Werten und ihrem Rahmen. Muslime säkularisieren sich nicht in dem Maße, wie es Europäer tun bzw. taten. Für junge Leute bedeutet es Prestige, etwas Besonderes zu sein. Der Islam macht sie dazu. Gibt die liberale Demokratie keine überzeugenden Antworten, dann werden immer weniger Bürger in Europa sie unterstützen. Die asiatischen Tigerstaaten haben einen Weg gefunden, damit umzugehen, nachdem sie, ganz ohne Rassismus, zu ähnlichen Befunden gekommen waren. Der Singaporer Lee Kuan Yew hat das in seinem Buch *Hard Truths* sehr gut beschrieben. Natürlich hat es eine Kontroverse ausgelöst. Die europäischen Gesellschaften hingegen haben die Dynamik einwandernder Muslime sträflich unterschätzt. Deutschland tut das noch heute. Es wird nicht öffentlich diskutiert.

Zerfällt die Globalisierung in kontinentale Einheiten?

Wie sieht die konservative illiberale Anfechtung der Globalisierungsliberalen denn aus? Es wird überlegt, ob die Globalisierung reversibel sei. Nun, wir sind gerade dabei, Wertschöpfungsketten wieder in territorialer Nähe zu schließen. Werden alle Weltbürger oder nicht? Seelisch ist das schwierig. Man kann die meisten Menschen nicht entwurzeln: Wenn sie ihre Wurzeln verlieren, vereinsamen sie, verlieren ihren Respekt, die Gemeinwohlorientierung und das Verantwortungsgefühl. Das ruiniert prosperierende Gesellschaften wie unsere. Es ist hart geworden, seine Würde tagtäglich zu bewahren. Einheit ist ein Kunstwort. Aber alle brauchen ein Zuhause. Daher bleibt die Nation wichtig. Sie ist Zeitzeugin unserer historischen Fehler. Sie gibt uns immer wieder die Chance, noch einmal ganz von vorne anzufangen. Und Zuwanderern wird sie eine neue Heimat, wenn sie sich integrieren. Viele wissen nicht mehr, wo unsere Heimat liegt. Die Grenze ist erreicht. Wir sind heimatlos. Verloren. Wir brauchen Wurzeln und Würde. Dann ist auch eine andere Integration möglich.

Rolle des Wachstums und Essenz liberaler Demokratien

Um nach innen offen sein zu können, müssen sich die europäischen Länder nach außen schützen können. Griechenland und Polen handeln an ihren Grenzen richtig. Das römische Recht, die europäische Aufklärung – all das ist Erbe, genauso wie die christlichen Wurzeln. Es war ein Fehler, sich für eine globale Elite zu halten, die diese Dinge nicht mehr braucht. Die USA und Europa haben eine exzeptionelle ökonomische

Entwicklung in den letzten Jahrhunderten vorgelegt. Können Demokratien überleben ohne Wachstum? Können sie politisch liefern ohne Wachstum? Diese Fragen stellt Gray zu Recht. Es ist wichtig, die ökonomischen Risiken auf viele zu verteilen, damit nicht ganze Regionen den Märkten hilflos ausgesetzt sind, wenn es mit einer Branche bergab geht. Bei digitalen Disruptionen reichen heutzutage Ignoranz und Unschuld aus: Airbnb und Ueber wussten nichts über Hotels oder Taxis. Und sie haben den Markt trotzdem erfolgreich aufgemischt. Auch wenn die Sprache zurzeit sehr rau ist, heißt das noch nicht, dass die liberale Demokratie zwangsläufig in eine illiberale Demokratie umkippt. Durch die Speakers' Corner für jedermann in den sozialen Netzwerken ist der Bann gebrochen – eine kulturelle Revolution.

Freiheit des Alltags

Zentralregierungen können keine heterogenen Bevölkerungen managen. Man braucht Subsidiarität. Man muss den Leuten neben Selbstbestimmung auch Eigentum ermöglichen, zum Beispiel Häuser und Wohnungen. Das sind Rückzugsräume der Sicherheit. Auch deshalb ist es eben falsche Politik, die EZB Geld drucken zu lassen, das von Betuchten genutzt wird, um werterhaltend zu investieren. Damit wird die Inflation seit Jahren in den Immobilienmarkt verlagert.

Eine wichtige politische Frage steht im Raum: Demokratie lebt von Mehrheiten und Minderheiten. Wie gehen wir damit um, wenn es eine gespaltene Gesellschaft gibt? Schaffen wir es, mit Mehrheit zu entscheiden und den »Verlierer« dieser demokratischen Auseinandersetzung nicht zu demütigen? Haben wir die demokratische Kraft, Mehrheitsentscheidungen nicht als Bürgerkrieg zu betrachten? Das setzte eine andere Diskussionskultur voraus.

Im 20. Jahrhundert haben zwei Weltkriege die ganze Kraft in Europa aufgesaugt. Nun saugt der Umweltschutz alle Kraft auf. Europa kommt nicht aus seiner Lethargie heraus. Europa gibt kein politisches Modell mehr ab. Die Bevölkerungen spalten sich. Die Amerikaner blicken traurig auf das hilflose Europa, das ihnen nicht zur Seite stehen kann und will, obwohl beide eine Reihe vergleichbarer Probleme haben und sie mit den Europäern gemeinsam die Freiheit und die Demokratie verteidigen wollen.

Der Gipfel der menschlichen Überheblichkeit wird allerdings im Silicon Valley ausgelebt: Der Mensch denkt, er kann die Welt retten. Gott wird dafür nicht mehr gebraucht. Man denkt, man kann die Menschen mit Künstlicher Intelligenz (KI) steuern, damit alles gut wird. Welche Anmaßung dahintersteckt! Etwas wird nicht bedeutend, nur weil ich ein Selfie davon mache. Die Überschätzung unserer individuellen Bedeutung wirkt wie ein Sargnagel. Die zu liberale Ordnung ist nicht nachhaltig. Gesellschaft zerfällt. Wenn das Liberale nicht neu erfunden wird, wird es vergehen. Menschen bauen auf, im direkten Umgang miteinander. Das Einzige, was Menschen historisch auf Dauer zusammenhielt, waren bislang immer Patriotismus und Religion. Das sind auch die Instrumente einer gesellschaftlichen Resilienz gegenüber äußeren Einflüssen und die Garanten einer eigenen Würde. Diese Dinge machen die USA in dieser Frage auch erfolgreicher als die europäischen Länder. Oder, um es mit Hobbes zu sagen: Ein guter Staat schützt das Leben und das Eigentum seiner Bürger.

Freie Welt

Timothy Garton Ash geht in seinem Buch *Freie Welt* auf die Studie von Walter Russell Mead ein, der Amerikaner und Europäer verglichen hat. Amerika war einst ein revolutionärer Sehnsuchtsort für Europäer. Vielleicht wird es das dieser Tage wieder – die neue deutsche Auswanderungswelle in die USA ist bereits angelaufen. Die wichtigsten Unterschiede liegen laut Meads im Umgang mit: 1. Religiosität, 2. Rolle des Staates und des Patriotismus, 3. Ungleichheit und Wettbewerb, 4. Umweltfragen, 5. nationale Souveränität und 6. Waffenbesitz und Anwendung der Todesstrafe für deren Missbrauch. Das Fazit lautet: Die amerikanische Gesellschaft sei dynamischer und flexibler, auch anpassungsfähiger. Europäer, insbesondere Deutsche, könnten ihre Interessen oft nicht (mehr) definieren, geschweige denn verteidigen.

Polen und Ungarn haben Wege gewählt, ihre staatliche Souveränität gegenüber Brüssel brüsk zu schützen, weil eben Brüssel in ihren Augen Gleichmacherei über Gemeinsamkeit stellt und diese beiden Länder das als starken Eingriff in ihre Selbstbestimmung erleben.

Ungarn

Folgerichtig wünscht sich Ungarns Ministerpräsident Viktor Orbán, dass die nächste Bundesregierung den Einfluss Deutschlands auf die EU verringert. Orbán unterstützt eine Neuorganisation der Konservativen und Rechten und reagiert damit auf Jarosław Kaczyński in Warschau. »Die Liberalen im Westen können nicht akzeptieren, dass es innerhalb der westlichen Zivilisation eine konservative nationale Alternative gibt, die im täglichen Leben erfolgreicher ist als sie«, sagte Orbán. »Das ist der Grund, warum sie uns kritisieren. Sie kämpfen für sich selbst, nicht gegen uns. Aber wir sind ein Beispiel dafür, dass ein Land, das sich auf traditionelle Werte, auf nationale Identität, auf die Tradition des Christentums stützt, erfolgreich sein kann.«

Und seine Justizministerin, Judit Varga, legte nach, indem sie die neue Bundesregierung vorsorglich aufforderte, die Souveränität Ungarns zu akzeptieren. Ihrer Meinung nach ist der Konflikt um den Rechtsstaat ein ideologischer. Es gehe um nichts Konkretes. Die Diskussionen zum Thema würden gegen Ungarn genutzt, dazu zählen Ungarns Migrations- und Familienpolitik. Wenn Deutschland ein Einwanderungsland sein wolle, dann sei das eine deutsche Entscheidung. Ungarn wolle das nicht.

Varga wird noch deutlicher: Ungarn wolle Migration nicht steuern, sondern aufhalten. Es gebe nicht nur eine einzige – die deutsche – Schablone für den Rechtsstaat: »Wir haben unsere konstitutionellen Traditionen, die Deutschen haben ihre. Wir würden deswegen niemals Deutschland kritisieren.« Die EU-Migrationsregeln stammten aus Friedenszeiten, als es keine Massenmigration wie 2015 gab.

Welche Werte unterscheiden sich und warum?

Günter Rohrmoser postuliert in seinem Buch *Kampf um die Mitte,* dass sowohl der klassische Liberalismus und die libertäre gesellschaftspolitische Programmatik der Grünen als auch der Wohlfahrtsstaat im 21. Jahrhundert von der Geschichte hinweggefegt würden. Die Verknappung der Güter werde das offenlegen. Er begründet das ganz einleuchtend: »Es ist nämlich ein Unterschied, ob Studenten, Lehrer und Freizeitberufe nach links abwandern oder ob der staatstragende Mittelstand, die Handwerker und Facharbeiter sich orientierungslos ins politischen Niemandsland verirren, sich ihrer Stimme enthalten oder aus Frustration und Protest (ganz) rechts zu wählen beginnen.(S. 21)«. Er sieht eine Renaissance des Schutzes der Familie, eine klare Entbürokratisierung der Gesellschaft (durch die Digitalisierung gut machbar), eine gravierende Reform des Sozialstaates (aus Gründen der wirtschaftlichen Überlastung unverzichtbar), die dringende Notwendigkeit, eine erneute steuerliche Entlastung und Förderung des Mittelstandes ganz gezielt in Angriff zu nehmen, um ökonomisch weiter vorne mitzuspielen in der Welt und um unabhängig, um frei bleiben zu können, sowie eine durchgreifende Reform des Bildungswesens hin zu mehr Leistung. Dabei zweifelt er nicht daran, dass die in den letzten Jahrzehnten oft geschmähten Tugenden wie Fleiß, Verlässlichkeit, zwischenmenschliche und Gesetzestreue sowie ein soziales Ethos wieder in den Fokus der Gesellschaft kommen – Individualisierung und Vereinzelung werden also gesellschaftlich verdaut und auf ein allgemeinverträgliches Maß zurecht gestutzt. Neue Qualitäten würden in den traditionellen Kanon aufgenommen, Unverdauliches komme auf den Müllhaufen der Geschichte und Altbewährtes werde wieder aufpoliert.

Aktuell erleben wir gerade erhebliche soziale Unruhen in Zusammenhang mit großen ökonomischen

Umbrüchen, vergleichbar mit anderen Krisen: der Amerikanischen Revolution (1776), dem Amerikanischen Bürgerkrieg (1865), dem Zweite Weltkrieg und der großen Wirtschaftskrise (1945). In *The Fourth Turning* wird vorausgesagt, dass, beginnend um 2005, die USA eine Abwertung in den Finanzmärkten erleben werden und die Ära Parallelen zu den 1930er Jahren haben wird. Das ist in gewisser Weise eingetreten. Nach der Lesart des Autors, William Strauss, stecken wir gerade in der vierten Abbiegung, der letzten, bevor es wieder eine neue Runde mit einer strahlenden ersten Periode geben kann. Es wird also erstmal schlechter, bevor es besser werden kann.

Das Tempo der Veränderung nimmt zu

Manchmal ist die Zeit, in der man lebt, bleiern. Manchmal überstürzen sich die Ereignisse. Das kann man sich selten aussuchen. Die Nullzinspolitik der Notenbanken in den letzten zwei Jahrzehnten hat das Bankenwesen zunehmend erodiert. Die Staaten haben sich überschuldet und sind Spielbälle der Märkte geworden. Souverän ist anders. Ein überschuldeter Staat kann nicht für seine Bürger da sein. Schwache Investitionen und Inflation sind an der Tagesordnung.

Die Gesellschaften reagieren darauf mit religiösen oder politischen Zuspitzungen. Autoritäre Regimes scheinen wieder im Kommen zu sein, weil man sich damit eine Rückkehr zur Ordnung erhofft. Wenn man beachtet, wie viel autoritäres Gehabe man in den Demokratien inzwischen durchgehen lässt, wie sanft inzwischen über Diktaturen gesprochen wird, dann spürt man diese Entwicklung.

Wenn Strauss richtig liegt, dann müsste jetzt die Periode kommen, in der sich die Gesellschaft überflüssiger und überkommener Dinge entledigt, um sich für den neuen Zyklus frisch und unbelastet aufzustellen. Zu Ende gedacht, heißt das für uns in Deutschland, zu klären, ob die Grünen die Zukunft einleiten oder ob sie eher das hervorgebracht haben, was jetzt ausgemustert werden muss. Das beinhaltet auch die Frage, ob sie die Gestalter des neuen Zyklus sein werden oder andere.

Verhalten sich die Linken und die Grünen schlau und rappeln sich die Konservativen auf, dann gibt es eine gute Chance, weg von der Moral zurück zum Rechtsstaat zu kommen, der die Voraussetzung zur Rückkehr zur Vernunft ist. Wer Moral in der Politik sucht, wird im Rechtsstaat fündig. Unsere Gesetze basieren auf moralischen Grundvorstellungen. Mehr wird schnell zeitgeistiges Übel. Bleiben Linke und Grüne bei ihrem Triumphgeheul nach Jahrzehnten des Strampelns um die Macht und ihre Auslegung der Welt, dann kann es durchaus sein, dass es diesmal die Linken und die Grünen sein werden, die eine Diktatur errichten, die sie vielleicht pro forma noch Demokratie nennen, aber die diesem Anspruch nicht mehr genügen wird. Dann feiert der demokratische Zentralismus der Linken, früher PDS, früher SED, wieder fröhliche Urstände. Gesinnungsterror ist nicht demokratisch. In einer Demokratie gibt es keine Einheitsgesinnung, auf die man alle verpflichten kann oder dürfte – vielleicht sogar noch mit Mitteln der Gewalt?

Aber vielleicht opfern sich die Grünen ja auch auf für die neue Zeit, die Zukunft, die anders sein wird, als sie selbst dachten. Sie verkörpern die Unbehaustheit einer Generation, die sich von allem emanzipiert hat und nur noch auf das Individuum setzt, das sich mitunter gerne aus Steuergeldern für seine Tätigkeit gut bezahlen lässt, statt sich aus eigener Kraft zu ernähren. Diese Existenzform wird bei der Überarbeitung des Sozialstaats mit auf den Prüfstand kommen.

Corona hat vieles im großen Egal offengelegt

Ein Staat stand still, saß im Home-Office – bei voller Bezahlung natürlich. Das wirft inzwischen die Frage auf, was wirklich schlimmer ist: viele ältere Menschen in einer Bevölkerung zu haben oder viele vom Staat bezahlte Menschen? Damit meine ich ausdrücklich nicht Krankenschwestern oder Polizisten.

Der Freundeskreis sortierte sich, Familienbande und Freundschaften zerbrachen zum Teil sehr schmerzhaft aufgrund der unterschiedlichen Beurteilung der Gefährlichkeit des Virus und des offiziellen Umgangs damit. Und nun, wo sich herausstellt, dass die Impfung doch nicht alle Probleme löst, fällt das nötige Abrüsten schwer. Wer will schon zugeben, dass die unflätig Beschimpften nicht völlig falsch lagen und man selbst einer Hoffnung nachlief, die sich nicht erfüllen konnte? Am jeweiligen Verhalten in den letzten zwei Jahren hat sich sehr klar gezeigt, wen man in seiner Umgebung auf Dauer behalten möchte und auf wen man verzichten kann. Dass die Politik vielleicht wissentlich darauf gesetzt haben könnte, diese Spaltung in der Gesellschaft bewusst in Kauf zu nehmen oder gar herbeizuführen, ist ein erschreckender Gedanke. Fakt ist zumindest, dass eine Regierung, die keinen kohärenten Plan hat, wie sie die ausgesessenen und zugespitzten Probleme unserer Zeit anpacken soll, enorm davon profitiert, wenn sich die Bürger wegen einer völlig anderen Sache gegenseitig die Köpfe einschlagen, anstatt klare Forderungen zur Problemlösung aufzustellen. Dabei geht es der Wirtschaft partiell schlecht. Der Wohlstand sinkt. Und der sinkt auch deswegen, weil sich die Staaten bei der EZB eine Inflation bestellt haben, die es ihnen ermöglicht, Entschuldungen im Staatshaushalt vorzunehmen. Dieses Virus kommt ihnen dabei ausgesprochen gelegen.

Wenn Linke und Grüne etwas gegen Demonstrationen haben und verfassungsrechtliche Grundrechte aussetzen oder einschränken wollen, dann weiß man, dass die konservative Mitte auf die Straße geht. Die ist parteipolitisch heimatlos geworden und wirft sich nun, selten genug, öffentlich in die Bresche.

Dies scheint die linke Seite förmlich dazu zu zwingen, illiberale Tendenzen an den Tag zu legen, weil es ja nicht sein kann, dass die Linke im Prinzip an der Macht ist und die Bevölkerung aber nicht links sein will. Aus dieser Sicht haben sich die demokratischen Mittel erschöpft, wenn man die Konservativen nicht überzeugen konnte.

Die militärische Sprache des neuen Bundeskanzlers trägt zu diesem Eindruck einer neuen totalitären Entwicklung durchaus bei. Nicht nur militärische Begriffe wie »Bazooka« und launige Einlassungen wie »Wer Führung bestellt, kann sie haben.« sind gewöhnungsbedürftig, sondern auch, dass der Wegfall roter Linien proklamiert und die eigene Regierung als Regime bezeichnet wird.

Die politische Linke ist offensichtlich von dem Gedanken beseelt, Deutschland gehöre nun ihr und sie könne es mit einem finalen Pinselstrich zu dem Land perfektionieren, das sie in Jahrzehnte währenden

Träumereien daraus zu machen versuchte. Und wenn die Leute das nicht wollen, weil sie es angeblich nicht verstehen oder wirklich nicht akzeptieren wollen, dann hat jetzt endlich die Linke alle Mittel staatlicher Gewalt in den Händen und nutzt sie ohne jede Scham und ohne jede Erinnerung an die eigenen gewaltsamen Kämpfe gegen »das Regime«.

3. Diskurs: Der Verlust von Religion und Wissenschaft im parteipolitischen Handgemenge

Die Demographie schlägt in Deutschland bereits ab 2024 zu

Nach Berechnungen des Kieler Instituts für Weltwirtschaft wird das potenzielle Arbeitsvolumen bereit ab dem Jahr 2024 sinken. Schon im Jahr 2026 soll demnach das Potenzialwachstum in Deutschland bei nur noch 0,9 Prozent liegen, also 0,5 Prozentpunkte unter dem langjährigen Durchschnitt. Was harmlos klingt, hat erhebliche Konsequenzen, stellten Forscher zum Jahresende 2021 klar: Die Ansprüche des nicht erwerbstätigen Teils der Bevölkerung steigen deutlich schneller als die wirtschaftliche Leistungsfähigkeit des anderen Teils. Zwar machen die Forscher Hoffnung auf steigende Reallöhne. Diese werden aber nicht ausreichen, um den sich weiter beschleunigenden Rückgang der Erwerbsbevölkerung in den Folgejahren zu kompensieren. Die Lücke zwischen Anspruch und Leistungspotenzial wächst durch den angestrebten Umbau in Richtung Klimaneutralität zusätzlich, denn nur ein Bruchteil der hierfür erforderlichen Ausgaben dürfte das Produktionspotenzial der Volkswirtschaft steigern. Übersetzt bedeutet das nichts anderes, als dass der konsumierbare Teil des Volkseinkommens sinken und zudem deutlich umkämpfter sein wird. Ein Szenario, das starke gesellschaftliche Spannungen verspricht, selbst dann, wenn – wie bereits abzusehen – ein guter Teil der Klimaschutzausgaben mit Krediten und frischem Geld der Europäischen Zentralbank (EZB) finanziert wird.

Gedanken-Rokoko

It's the economy, stupid, sagte Bill Clinton 1992 in seinem Präsidentschaftswahlkampf schon. Diese Frage ist entscheidender als das ganze grüne und linke verspielte Gedanken-Rokoko. Aber über dieses alberne Gendern können wir uns ja prima aufregen und übersehen dabei das, worauf es wirklich ankommt. Und wer sich jetzt fragt, was außer Gendern noch zum Gedanken-Rokoko gehören könnte: die irrwitzige Idee, auf Kinder zu verzichten, weil sie zu viel CO2 ausstießen; oder mehrere Toiletten in jede kleine Butze einzubauen, gerne auf Zuwachs, denn wer sagt denn, dass nach dem »dritten Geschlecht« schon alles »wissenschaftlich« entdeckt sei. Ganz neu ist der Hit, Parlamentspoeten für den Bundestag anzuheuern. Dass man diese traurige Prosa dort gerne in luftige poetische

Höhen tragen will, kann ich auf einer ganz menschlichen Ebene ja verstehen. Wer liebt nicht seine persönliche Kollektion an Euphemismen und Sprüchen für das Poesiealbum. Aber braucht es all das in diesen Zeiten, in denen eher andere Fragen anstehen: ob wir nicht schon genug aneinander vorbeisprechen; wie die Alten überhaupt auf die Toilette kommen; ob man es als Regierung und Parlament vielleicht mal mit dem reinen Wein versuchen sollte in der Kommunikation mit dem Volk.

Dogmen statt Falsifikation

Es hat sich eingebürgert, dass linke und grüne Vorschläge zur Erneuerung der Gesellschaft immer als ausdiskutierte Dogmen dargestellt werden, die alle wissenschaftlich belegt seien, und wer sie leugne, sei ein ganz schlimmer Nazi. Dieses Diskursniveau ist bedenklich flach. Linke oder Grüne haben das möglicherweise unendlich lange untereinander bis zur gegenseitigen Erschöpfung ausdiskutiert. Deshalb sind sie so lustlos, das erneut zu diskutieren. Aber das Volk hört das eben zum ersten Mal und hat da ein paar Fragen.

Neben der vertrauten Arroganz blitzt hier auch eine Unsicherheit auf: Man muss recht haben, sonst wäre man ja bei den Nazis und das geht nun gar nicht. Das Häschen sitzt in der selbst gegrabenen Grube. Es wird also immer unerbittlicher werden. Dabei geht es weniger um den parteipolitisch geschulten Hintergrund der kulturellen Hegemonie nach Antonio Gramsci, der natürlich auch eine Rolle spielt, sondern viel mehr darum, auf jeden Fall die Konservativen zu besiegen und sie damit quasi als Vorfeldorganisation der Nazis zu eliminieren. Solche Worte werden benutzt. Solche Gedanken werden gehegt.

Das wissenschaftliche Prinzip wird pervertiert, indem der eigentliche Zweck von Wissenschaft, durch Experiment und Falsifikation neues Wissen zu schaffen, pervertiert wird. Es darf keine neuen wissenschaftlichen Erkenntnisse geben, nachdem die Politik ihre Dogmen verkündet hat. Das muss sogar verhindert werden. Sitzt man an den Futtertrögen der Macht, kann man mit Fördergeldern, die aus den Steuern der Menschen stammen, die in diesem Land leben und steuerpflichtig arbeiten, eine Scheinwelt aufbauen und sie auch wissenschaftlich begründen lassen. Gefälligkeitsgutachten sind kein Privileg böser Konzernchefs. Und wahrlich, so manche linksliberale These darüber, was sein könnte, bedarf einer weitreichenden wissenschaftlichen Untersuchung, um wenigstens ein Spurenelement an Realitätstauglichkeit nachzuweisen. Wer eine CO_2-erleichterte Zukunft für erstrebenswert hält, sollte das Fördergeld in die MINT-Fächer an den Universitäten und in die industrienahe Forschung stecken und nicht in eine große Anzahl von Gender-Lehrstühlen. Ließen wir für jedes biologische und empfundene Geschlecht, also aktuell drei, jeweils zwei Lehrstühle für ein wissenschaftliches Für und Wider zu, denen wir auch noch etwas akademischen Mittelbau für Spezifika dieser Fragen in Migrationsmilieus zuordneten, wäre das vielleicht ausreichend? Mehr als 150 Lehrstühle zu diesem Thema sind ein Luxus, den wir uns nicht mehr leisten können.

Besen, Besen! Seid's gewesen

Die Umsetzungsebene der vielen Ideen ist die Hauptbaustelle. Von dort wird auch die praktische Falsifikation kommen, aus der man Schlüsse ziehen und etwas anders anpacken kann. Auf europäischer Ebene ist das aktuell die Diskussion um die Atomkraft. Das deutsche Atomgesetz stammt aus dem Jahre 1959. Ein gutes Jahrzehnt später entstand die Anti-Atom-Bewegung. Die Prinzipien dieser Diskussion sind also gut 50 Jahr alt. Es gab verheerende Unfälle in AKWs. Es gab die Entwicklung der erneuerbaren Energien und Erkenntnisse aus deren Anwendung in der Praxis. Es gibt auch jede Menge wissenschaftliche Studien zu diesen Erfahrungen. Was es nicht gibt, ist eine Neubewertung der Technologie unter neuen Rahmenbedingungen. Es drängt sich das Bild vom Zauberlehrling auf, der die Geister, die er rief, nun nicht mehr los wird. Es gibt nur keinen Meister mehr, der sagen könnte: »Besen, Besen! Seid's gewesen.« Der Lehrling regiert.

Als der Berliner Erzbischof Heiner Koch vor einiger Zeit eine Parallele zwischen den Propheten und einem einzelnen Mädchen, das in Schweden in einen Schulstreik getreten war, zog, wurde vielen klar, welch quasireligiösen Züge die Klima-Heilslehre inzwischen angenommen hat. Es gibt Propheten und Prophetinnen, es gibt zuhauf Häretiker, die man gleich mit der Stigmatisierung »Leugner« dem medialen Scheiterhaufen zur öffentlichen Verbrennung überantwortet, weil sie etwa nicht den Geboten des Verzichts huldigen, und es gibt eine Paradiesverheißung. Die unbefleckte Empfängnis wird leicht abgewandelt in die Vision einer unbefleckten Erde, der Verheißung nach all dem Verzicht und der Mühe. Wir sehen Ikonen allerorten und hören Predigten die ganze Zeit. Unaufhörlich gibt es Anweisungen zur Unterwerfung im Verhalten, um der Aufnahme in die auserwählte Gemeinschaft für würdig befunden zu werden. Gedanklich ins Rokoko gehoben, gibt es inzwischen Klima-Jünger, die propagieren: Kinder sollen nicht mehr geboren werden, damit eine reine, unberührte Erde (wieder) entstehen kann, von der wir uns selbst gelöscht haben. Das ist eigentlich ein schwerer pathologischer Befund und keine romantische Vorstellung, wie es gerne suggeriert wird. Die unbefleckte Natur als romantische Vorstellung – das ist nahe an Eichendorff, Klopstock und Brentano – klingt mehr nach deutscher Romantik und nach Idylle und damit harmlos. Ist es aber nicht.

Gretchenfrage und Zeitgeistsekte

Und die Religion wird ersetzt durch eine Klima-Heilslehre, bei der es immer darum geht, bei den Guten zu sein, frei von der nationalen Ursünde und des selbst zu schaffenden Paradieses auf Erden würdig. Da in dieser Lesart der Respekt vor der Schöpfung als paradiesischem Urzustand stark ist, aber den Menschen als Ursünden-Schmutzfink rigoros ausschließt, ist diese Lehre zwar in einem Spannungsbogen zur Heiligen Schrift, aber das ist ja auch irgendwie egal. Ich habe den Eindruck, dass selbst die Kirchenoberen dem Gottvertrauen nicht mehr vertrauen. Und wenn ich mir, gerade in Deutschland, die wachsende Zahl der Kirchenaustritte ansehe, verstehe ich auch, wieso die Kirche nach 2000 Jahren aktuell kein wirkliches Zukunftsvertrauen mehr hat. Was sich mir nicht erschließt, ist der Schulterschluss mit denen, die die Kirche sowieso abschaffen möchten und bevorzugt mit Apokalypse und Panik regieren wollen statt mit dem urgründlichen Vertrauen auf Gottes richtige Fügung. Die Religion muss aber der Wahrheit, nicht der Mehrheit verpflichtet sein. Staat und Kirche sollten getrennt und in unterschiedlichen Geschwindigkeiten unterwegs sein. Kirchen gehören zwingend zu denen, die das Boot balancieren, damit es nicht kentert. Das hat unsere europäische Kultur groß gemacht. Offensichtlich haben die deutschen Kirchen das 20. Jahrhundert theologisch noch nicht verdaut und sind jetzt beflissentlich dabei, die Balance im Boot selbst zu gefährden.

Diese Denkhaltung hat erhebliche Konsequenzen für uns alle. Die anderen Länder denken in Klimafragen rationaler und finden, dass Kernenergie ausgezeichnet bei der CO_2-Reduktion hilft. Für sie ist dieses Ziel wichtiger als die Atommüllfrage, die technologisch vielleicht sogar mit der neuen Generation an Reaktoren nebenbei inzwischen gelöst werden kann. Die Grünen isolieren mit ihrer dogmatischen Haltung folglich Deutschland in der Energiefrage innerhalb Europas, und das, obwohl ihre nächste Monstranz, die Vereinigten Staaten von Europa, nach grüner Lesart es eigentlich erfordern würde, der EU alle eigenen Ambitionen und Vorgehensweisen unterzuordnen. Die deutschen Grünen haben jetzt erst einmal auf stur geschaltet und warten auf den nächsten Vorhang. Vielleicht hofften sie, dass Präsident Macron die Wahlen 2022 verlieren würde. Auch das hätte nichts geändert. Die Franzosen stehen hinter der Kernenergie. Die Kernenergie haben sie in Brüssel als grüne Energie klassifizieren lassen. Ihr letzter Vorstoß war, sie auch als grünen Wasserstofferzeuger durch zu setzen. Sie wollen über den neuen »Champagner« in Europas Energiepolitik verfügen und neue industrielle Relevanz damit aufbauen. Wasserstoff wird Schiffe, Flugzeuge und Laster antreiben.

Wir sitzen auch weiterhin im gemeinsamen Boot

Ich bemühe noch einmal das Bild vom gemeinsamen Boot: Eine Gesellschaft, ein Volk sitzt gemeinsam in einem Boot und fährt den Fluss des Lebens hinab. Wer religiös ist, weiß, dass das schon immer so war und immer so sein wird. Nichtreligiöse Menschen reagieren oft hektisch vor jeder Biegung, die einen Blick auf den weiteren Flussverlauf unmöglich macht, und fangen ohne jedes Gottvertrauen panisch an, am linken oder rechten Rand zu paddeln. Manche schwadronieren vom bevorstehenden Untergang. Dabei kommt es oft zu Übertreibungen und das Boot droht zu kentern. Entscheidend sind die, die in der Mitte sitzen. Lassen sie sich von der Panik der beiden Ränder anstecken? Kauern sie sich ängstlich in der Mitte oder gar auf einer der beiden Seiten zusammen, statt zu balancieren? Ihre Aufgabe ist es, für das Gleichgewicht zu sorgen und das Kentern zu verhindern. Dafür brauchen sie inneres Rüstzeug. Gottvertrauen, das Zukunftsvertrauen ist, gehört dazu. Zurzeit sitzen zu wenige in der Mitte und balancieren aus. Links sammelt sich alles zur vermeintlichen Siegesparty, rechts debattiert man noch über die richtige Gleichgewichtsstrategie und der Kahn droht in der Tat zu kentern, was die in der Mitte noch ängstlicher macht – oder?

Unbedingt auf der richtigen Seite der Geschichte stehen

Linke und Liberale wollen unbedingt am Ende Recht behalten. Auf der richtigen Seite der Geschichte zu stehen, ist inzwischen ein politisches Glaubensbekenntnis. Gray definiert liberale Gesellschaften als Nebenprodukte des westlichen Monotheismus, die die Praxis der Toleranz mit dem Glauben untermauert haben, dass diese Toleranz gottgewollt sei. Westliche Liberale ordneten die Welt in Gut und Böse, benennten angeblich Schuldige und vermittelten Optimismus, so John N. Gray.

Trotz alledem verstünden Liberale die Historie als eine Geschichte der Erlösung. Deswegen müssten sie Putin und Xi Jinping, Orbán und Salvini eben als Rückschritte in die Vergangenheit auffassen. Eine Zukunft, zu der hypermoderne Zaren, technokratische Eroberer und intelligente Demagogen gehören könnten, sei für sie undenkbar. Also werden Fakten ignoriert oder geleugnet. Sie säßen ideologisch in der Sackgasse. Man könne von Liberalen kein Eingeständnis erwarten, dass ihr Glaube widerlegt wurde. Dafür müssten sie sich auch eingestehen, dass sie die Gegenwart nicht begreifen. Eine unmögliche Forderung, da sie sich für derart lange Zeit als die intellektuellen Vorreiter der Menschheit gesehen haben. Und in Deutschland sollen die Deutschen dann aber in einer Kultur leben, in der alle anderen eine Identität haben, nur sie selbst nicht. Das ist alles ziemlich absurd.

Wer morgen noch liberal sein will, muss auch konservativ sein wollen

Günter Rohrmoser macht eine besondere Verantwortung bei den Grünen aus, die er im Kern für anarchistisch hält. Sie seien, egal ob in guter Absicht oder nicht, eine Art Weltzerstörer. Ihr Anarchismus führe dazu, dass sie alle kulturellen Institutionen liquidieren und alle sinn- und interpretationsvermittelnden Instanzen der bestehenden Gesellschaft ideologiekritisch auflösen wollten (Mach kaputt, was dich kaputt macht.). Seine Befürchtung war, dass nach der Abschaffung jeder legitimierten Autorität dieser neugeschaffene Anarchismus in einen linken Faschismus umschlagen könnte, denn die Deutschen könnten alles ertragen, aber kein Chaos. Und wären die Linken erst einmal an der Macht, könnten sie nicht wieder loslassen. Deshalb würden sie zu Repressionen greifen und das damit verteidigen, dass der gute Zweck (Paradies auf Erden) die Mittel (illiberal und undemokratisch) heilige.

Sobald die Hilflosigkeit, die Ratlosigkeit und die Kompetenzlosigkeit der zur Lösung dieser Aufgaben berufenen Politiker überdeutlich würden und wenn gleichzeitig die Probleme weiter eskalierten, würden die Deutschen vor die Wahl gestellt, einen neuen Faschismus als Antwort auf den anarchistischen Zerfall der Gesellschaft zu produzieren, so Rohrmoser.

Rohrmoser konzentriert sich in seiner Kritik verengt auf die Grünen, aber es ist trotzdem lesenswert: Für ihn sind die Grünen die logische Folge der bundesrepublikanischen Entwicklung, ein Spätprodukt der Kulturrevolution der 1960er Jahre, das politisch zu integrieren die »Altparteien« versäumten. Die Kolonnen, die damals zum Marsch durch die Institutionen aufbrachen, seien jetzt angekommen (das umschließt auch die Medien). Sie spiegelten getreu die Schizophrenie einer Gesellschaft wider, welche die Bäume und die Gräser (und die Küken) schütze, aber den Paragraphen 218 abschafft, statt zum Beispiel Adoptionen zu fördern. Es sei eine Schizophrenie, welcher das Schicksal der Minderheiten und der Asylanten der Welt am Herzen liege, der aber das Schicksal der Deutschen und ihrer Kultur ziemlich gleichgültig sei. Die Grünen würden viel zustande bringen, aber Staat sei mit ihnen nicht zu machen.

Ich weiß nicht, ob er mit dieser Prognose richtig lag. Das werden die nächsten Jahre zeigen.

Sein trockenes Fazit lautet: Die Grünen seien der neue deutsche Sonderweg, und wer auch morgen noch liberal sein wolle, müsse auch konservativ sein wollen. Man könne Werte pflegen, ohne zu glauben, dass sie von Gott oder der Geschichte vorbestimmt sind, wenn man sie in ihrem Wesenskern versteht.

Die illiberalen Kräfte, die über den Kontinent marschieren, kommen nicht einfach aus dem Nichts. Sie sind eine Reaktion auf das hyperliberale Projekt eines Europas ohne Binnengrenzen. Wenn die Liberalen bei Europa falsch liegen, liegen sie bei allem falsch, führt Gray aus. Währenddessen erodiere die politische Mitte mehr und mehr in akuter kognitiver Dissonanz. Aufgeklärte liberale Köpfe – die glaubten, sie hätten den Gang der Geschichte verstanden – müssten mit einem Mal erkennen, dass sie nicht einmal ihre eigene Gesellschaft verstehen. Die Paranoia, in die sie sich stürzten, war ein Resultat der Zerstörung ihrer Weltsicht und ihres Platzes in dieser Welt. Das Ergebnis ist, dass sie intellektuell und politisch paralysiert sind. Falls sie irgendeine Agenda haben, dann die, zu ihrer Welt vor dem Sündenfall zurückzukehren – ein Jahrzehnt zurück in jene Zeit, die die aktuelle Krise hervorgebracht hat. Gray analysiert das hart.

Es sei möglich, die Werte der Toleranz und der persönlichen Freiheit zu pflegen und zu verteidigen, ohne zu glauben, dass sie von Gott vorherbestimmt oder von der Geschichte garantiert seien. Es reiche, die liberale Gesellschaft als einen der zivilisierteren Wege zu verstehen, den die Menschen erdacht haben, um tagtäglich miteinander auszukommen. Aber diese bescheidene Auffassung zu akzeptieren, würde das Selbstbild untergraben, an das sich Liberale gegenwärtig klammern. Ein Selbstbild, nach dem sie die Welt in eine Zukunft führen, die sie selbst gestaltet haben, so das traurige Fazit John Grays.

Rigorosität statt zwischenmenschlichem Umgang miteinander?

Wer hätte gedacht, dass es die Liberalen, die Linken und die Grünen sind, die das Erbe der Aufklärung in den Orkus der Geschichte werfen? Analysten und Offenbarer von großer Gedankenschwere und vergleichbarer Tatenarmut beherrschen die öffentliche Wahrnehmung. Da Teile der Bevölkerung aber nicht durch diese Art von Globalisierung liquidiert werden wollen, wehren sie sich und stacheln damit den missionarischen Eifer auf der anderen Seite nur noch mehr an. Die Bürger gehen auf die Straße und die linken Experimente werden immer teurer, aber nicht besser. Dabei käme es auf eine Korrektur an, nicht auf ein Mehr vom Falschen. Die Wissenschaft schafft Wissen durch Falsifikation und Thesen, und das Liberale in einer

Gesellschaft müsste genau so sein – korrekturfähig. Aber das scheint aktuell undenkbar.

Im Umgang miteinander führt dieser religiöse Übereifer dazu, dass ein harter Ton die üblichen Möglichkeiten des Umgangs von Christenmenschen untereinander beschnitten hat. Als man noch Reue zeigen und Buße tun konnte, war Vergebung nicht schwer, auch bei größeren Verfehlungen. Dieser Mechanismus existiert heute nicht mehr – beide Seiten driften ins Zynische ab. Die Menschen werden rigoroser. Sie wägen nicht mehr ab. Sie wollen einfach nur noch, dass das alles irgendwie endlich mal vorbei ist – sie wurden sozusagen politisch in den Irrsinn gequält.

Der Konservatismus steht in der Kritik. Jeder noch so ungebildete Rotzlöffel kann sich an ihren Vertretern austoben. Er wurde gesellschaftlich von den Linken zum medialen Abschuss frei gegeben. Die Frankfurter Schule gehört laut Rohrmoser zu den Anstoßgebern dieses Prozesses. Damit wird gerade die Frage deutlich: Sind die Preise, die von der Gesellschaft insgesamt gezahlt werden, den Wandel, der für einige vollzogen wurde, wert gewesen? Wenn die Konservativen lernten, was die Liberalen eigentlich können sollten, nämlich die Fähigkeit zur Korrektur zu zeigen und politisch umzusetzen, dann wären sie moderne Konservative des 21. Jahrhunderts.

Der Westfälische Friede als Modell

Henry Kissinger hält den Westfälischen Frieden für das Traummodell einer gelungenen neuen Ordnung. »Sein Ordnungsideal ist der Westfälische Friede, 1648 geschlossen, um den Dreißigjährigen Krieg zu beenden. Der stützte sich auf ein System unabhängiger Staaten, die ihre wechselseitigen Ambitionen durch ein delikates Gleichgewicht der Kräfte unter Kontrolle halten. ›Eine praktische Aussöhnung mit der Realität, keine besondere moralische Einsicht‹, skizziert Kissinger den Kern. Bis jetzt bildeten, so der Autor, die Westfälischen Regeln die einzige allgemein anerkannte Grundlage einer globalen Ordnung.«

Wenn dieses Modell zur Überwindung der Spaltung in den europäischen Gesellschaften genutzt werden soll, dann brauchen wir einen gänzlichen Verzicht auf das gegenwärtig übliche Moralisieren.

Gruppe der »Demokraten« auf linkslibertäres Weltbild zusammengeschrumpft

Edmund Fawcett überraschte vor Kurzem, als er als ausgewiesener Linker ein Buch über den Konservatismus veröffentlichte. Ihm war aufgefallen, wie wenig sich sein Lager mit dem politischen Gegenüber beschäftigte, und er begann sich zu fragen, warum Linke nicht überall regierten, wenn sie doch die Smarteren seien. Diese sehr relevante Frage beantworten Linke fast immer mit Hochmut – die anderen seien zu dumm, ihre grandiosen Ideen zu erfassen, oder ideologisch verblendet. Fawcett erklärt das Wechselspiel zwischen liberalem »Vorwärts« und konservativem »Moment mal« und zeigt, wie nötig dies für eine gedeihliche Gesamtentwicklung seit dem 19. Jahrhundert gewesen ist.

Links und rechts wie Ying und Yang

Nach Fawcett sind die vier Grundideen des liberalen Regierens durch Konflikt und Wettbewerb gekennzeichnet; Macht müsse kontrolliert und eingehegt werden; Fortschritt sei eine gute Sache; jedem Menschen stehe per se Respekt zu. Erhellend ist seine Auffassung über Konservative: Sie setzten in allen vier Punkten andere Akzente, sähen die Gesellschaft als eine organische Einheit, hielten Autorität für grundsätzlich bewahrenswert, dächten nicht, dass das Leben alles in allem verbesserbar sei, wenn auch Reparaturen angesichts der fehlerhaften menschlichen Natur immer möglich und auch nötig seien. Sie schätzten die menschliche Fähigkeit zur Selbstregierung niedrig ein und glaubten, dass man sich Respekt verdienen müsse. Trotz alledem brauche die liberale Demokratie aber einen modernen Konservatismus als Stütze für notwendige Reformen und Reparaturen, die alle demokratischen Gesellschaften benötigen. Das sei die stabile Grundlage für die liberalen Gesellschaften seit 1945 gewesen. Auch wenn noch viel Karl Marx die Sprache Fawcetts dominiert, gelangt er doch an einen überraschenden Punkt: Vielleicht sei diese Welt, die er in seinem Buch analysiere, welthistorisch gesehen nur eine Provinz, die vor allem Westeuropa und die Vereinigten Staaten umfasse und deren Zeit vielleicht gerade ablaufe.

Der eigentliche TÜV für liberale Demokratien

Das wird der eigentliche TÜV für ausdrücklich alle liberalen Demokratien. Und das ist eben auch das historisch Spannende in Bezug auf Deutschland: Wie gehen die Deutschen mit der konservativen Korrektur um, die dieses Land nach der Kulturrevolution 1968 nun dringend braucht? Ist die Befürchtung der Linksliberalen, die deutsche Gesellschaft kippe mehrheitlich in eine faschistische Grundhaltung, berechtigt oder ist sie nicht vielmehr eine Chimäre, die häufig beschworen wird, um die eigene politische Existenz irgendwie zu rechtfertigen, wenn die Gesellschaft die weiteren Reformvorschläge nicht mehr abnimmt, weil sie so vollgesogen ist mit Neuem, das sie das erst einmal in Ruhe verdauen muss? Oder treibt die organisierte Linke die Mehrheit der Bevölkerung kollektiv in den Wahnsinn, sodass die Bevölkerung einem illiberalen Muster verfällt, um endlich Ruhe zu haben?

Schlussbetrachtungen

Ruhe bewahren

Einer meiner Lieblingstexte der deutschen Literatur des 20. Jahrhunderts ist Kurt Tucholskys kleines Stück »Was tun die Birken?«

Am Anfang jammert er, ganz der Forschergeist: »Ich werde ins Grab sinken, ohne zu wissen, was die Birkenblätter tun. Ich weiß es, aber ich kann es nicht sagen«, um sich dann lange damit zu quälen, das Unsagbare sagen zu wollen. Am Ende gesteht er: »Was tun die Birkenblätter? Während ich dies schreibe, stehe ich alle vier Zeilen auf und sehe nach, was sie tun. Sie tun es. Ich werde dahingehen und es nicht gesagt haben.« Wir hören seinen Tonfall nicht. Hat er es resignativ oder erleichtert gesagt? Für ihn und uns hoffe ich, er hat erkannt, dass es Dinge gibt, die man nicht beschreiben kann, die es aber immer schon gab und auch in Zukunft geben wird, und dass er damit gut leben kann, wenn er genug Gottvertrauen besitzt.

Wir brauchen – nicht nur in Deutschland, sondern in den liberalen Demokratien insgesamt – eine wirkliche konservative Korrektur, die uns als Gesellschaft neue Sicherheit in neuen Zeiten vermittelt, die wir so nötig haben, um einer neuen Realität nicht ängstlich und nervös, sondern bedacht und entschlossen gegenübertreten zu können. Schaffen wir das nicht, wird das Modell der liberalen Demokratie vielleicht in mehrere Submodelle zerfallen, die nicht mehr alle liberal oder demokratisch sein werden. Auch die EU könnte zerfallen. Dass jetzt in Europa wenig verhohlen nach einer Konfrontation mit Russland gerufen wird, könnte durchaus nicht nur mit dem Gasgeschäft, das sowohl Russland als auch die USA gerne mit Europa machen würden, sondern auch damit zu tun haben, dass ein neuer Feind gesucht wird, auf den man die Bevölkerung einschwören will, um sie dadurch zusammenzuschmieden, nachdem Klimawandel und Corona diesen Zweck irgendwie nicht mehr so richtig zu erfüllen scheinen. Dass Russland und die USA direkt miteinander verhandeln – in Europa, aber ohne die Europäer –, zeigt, was die beiden großen Länder vom Brüsseler Hühnerhaufen halten. Da geht es mitunter auf dem Affenfelsen von Gibraltar rationaler zu – um einen Klassiker von Joschka Fischer zu zitieren.

Freiheit durch materielle Autarkie

Die Industriestaaten brauchen eine neue materielle Autarkie. Sie müssen notwendige Dinge wieder selbst herstellen können, was diese teurer macht. Aber solch eine Art der Unabhängigkeit im Wohlstand ist essenziell, wenn freie, demokratische Länder frei und demokratisch bleiben wollen. Das ist ausdrücklich keine Abkehr vom Welthandel. Im Gegenteil, es ist ein Plädoyer für mehr Gleichrangigkeit im weltweiten Umgang miteinander – eine Gleichrangigkeit, mit der man bei den sehr praktischen Fragen einer materiellen Koexistenz auch auf das bislang übliche Moralisieren verzichten kann. Die Balance der Mächte erfordert das ganz klar, wenn man Kissinger Argumenten folgt.

Konservative Korrektur

Und wer eine Stabilisierung der Demokratie will, muss – um es wieder einmal mit Günter Rohrmoser zu sagen – eine rechte Mitte wollen, die über die Kraft verfügt, sich nicht nur politisch, sondern auch geistig-kulturell sowohl von einem libertären Liberalismus als auch von den Rechten abzugrenzen, die glauben, durch einen Rückgriff auf Ideen und Theorien der Konservativen Revolution der 1920er Jahre unsere Probleme lösen zu können. Es geht heute mehr denn je um einen selbstkritischen, modernen, philosophisch erneuerten

Konservatismus, der den aktuellen Zuständen gewachsen ist, die aufgrund ihrer Geschwindigkeit und Ausdehnung ohne Beispiel in der Geschichte sind.

Geschichtlich denken

Es habe keinen Sinn, das Entstehen einer jungen rechten Intelligenz zu beklagen, wenn man der Krise des Liberalismus nichts anderes entgegensetzen könne als weitere Schritte auf dem Weg, den Nietzsche prognostiziert hat. Dieser sah die Zukunft der bürgerlichen Gesellschaft in einer »atomistischen Revolution«. Die inneren Bindekräfte würden zerfallen, die integrativen Muster aufgelöst, und der Rückfall in den Hobbesschen Naturzustand des »bellum omnium contra omnes« drohe. Konservative dächten geschichtlich, nicht ideologisch.

Wer geschichtlich denkt, der müsse aber ein Organ für Realitäten haben, auch für katastrophenträchtige Entwicklungen, die der Sozialismus und der Liberalismus hervorbringen können. Jeder Schritt, jeder Fehltritt, jeder Umweg, jede Abkürzung, jeder Triumph und jedes Opfer zählen im Rückblick als wegweisende Erfahrung, wenn man sie ehrt und auf ihnen aufbaut. Das ist so überhaupt nicht egal.

John N. Gray geht davon aus, dass der Wiederaufbau eines nationalen Bewusstseins automatisch auch der Neuaufbau eines europäischen Bewusstseins sein wird, wenn man die christlichen Grundlagen der eigenen Entwicklung reflektiert. Ansonsten wird Europa als EU seiner Meinung nach nicht mehr sein. Heimat sei beständig und human in einem Zeitalter der Unbehaustheit. 2000 Jahre Religion wögen schwerer als jeder Zeitgeist. Sind die Völker Herr im eigenen Hause und können sie sich abgrenzen, wenn sie das wollen, blieben sie international anschlussfähig.

Da finde ich mich wieder: Meine Heimat ist Sachsen, mein Nation ist deutsch und meine Kultur ist europäisch. Gray fasst es so zusammen: Der Konservatismus übernimmt die ehemals liberale Fähigkeit zur Selbstkritik und Korrektur (1), er revidiert sein gebrochenes Verhältnis zur Religion (2), weil eine hysterische Gesellschaft den Herausforderungen nicht gewachsen ist. Es braucht »innere Verblüffungsfestigkeit« und er muss Verfassungspartei sein (3). Das trifft sich mit den Überlegungen des Historikers Egon Flaig. Die Feindseligkeit gegenüber den Institutionen des Staates muss revidiert werden, meint er. Ironisch daran ist, dass die Linken und die Grünen jahrzehntelang an dem Ast, auf dem sie jetzt als Regierung Platz nehmen wollen, sägten. Eine solche Revision ist nach »Soldaten sind

Mörder« und »ACAB« eine verwegene Hoffnung. Das zentralstaatliche Agieren der EU müsse revidiert werden. Sie sei ein Regierungskonvent ohne Verfassung. Länder hätten Verfassungen. Und dort müssten Staatsvolk und Staatsgebiet wieder in den Vordergrund gerückt werden. Ebenso seien Kinder und Ehe wieder mehr zu schützen und in den Vordergrund zu rücken. Kinder zu bekommen, dreht das Rad der Gesellschaft kontinuierlich weiter. Es ist der ursprüngliche Sinn des Lebens, nicht nur biologistisch, sondern auch gesellschaftlich. Zeithorizonte des Handelns verkürzen sich erheblich, wenn man keine Kinder hat und deren Zukunft nicht konkret mitdenken muss. Die eigene Existenz wird überhöht. Diese geistige Eindimensionalität mache die Menschen völlig wehrlos gegen die moralischen Moden und gegen die momentanen Hysterien. Auch deshalb müssten sich die Kirchen auf die Religion und deren Rolle neu besinnen. Die jenseits der Schrift moralisierenden Kirchen verlören sich in Beliebigkeit. Ganz aktuell fordert er auch, dass die Leistungsverluste im Bildungssystem aufgeholt werden müssen. Flaig stellt fest: Im Jahr 2000 gab es unter den Schulabgängern circa 33 Prozent Studienanfänger, 2009 waren es bereits 43 Prozent, 2011 55 Prozent und 2013 58 Prozent. Das sei Irrsinn. Der Mangel an gut qualifizierten Handwerkern, Facharbeitern und Selbstständigen nähme jährlich zu, während die Infrastruktur zerfiele und leistungsschwache Akademiker den öffentlichen

Dienst und die Nichtregierungsorganisationen aufblähten. Das sei volkswirtschaftlich nicht effizient.

Konservative Korrektur oder großes Egal?

Denken Sie darüber nach. Lesen Sie. Diskutieren Sie. Denken Sie weiter und ziehen Sie Ihre eigenen Schlüsse. Ich für meinen Teil bin wieder einmal dort angelangt, wo ich mich zwischen »aretē« und »hēdonē« entscheiden muss: konservative Korrektur oder das große Egal.

Leseliste in der Reihenfolge der Nennung des Autors oder seines Werkes:

Michael Ende: *Die unendliche Geschichte,* Thienemann Verlag, Stuttgart 2019

Michel Houellebeqc: *Unterwerfung,* DuMont Buchverlag, Köln 2015

Douglas Murray: *Der Selbstmord Europas,* FinanzBuch, München 2018

Oswald Spengler: *Der Untergang des Abendlandes,* C. H. Beck, München 1998

Friedrich Nietzsche: *Die fröhliche Wissenschaft,* Nikol, Hamburg 2021

Fjodor Dostojewski: *Die Dämonen,* Insel, Frankfurt a. M. 2008

Klaus Schwab / Thierry Malleret: *Covid-19: The Great Reset,* Forum Publishing, Genf 2020

Nicolas Baverez: *La France qui tombe,* PERRIN, 2003

Nicolas Baverez: *Reveillez-vous!,* Pluriel, 2013

Adam Smith: *Wohlstand der Nationen,* Anaconda, München 2013

Günther Rohrmoser: *Kampf um die Mitte,* Olzog, München 1999

Andreas Reckwitz in: Deutschlandfunk, 09. 05. 2021 »Die Krise des Liberalismus / Populismus als Symptom eines politischen Paradigmenwechsels«

in: *NZZ,* 08.03.2020, »Die Krise des Liberalismus und die Neuerfindung der Freiheit«
Meinhardt Miegel:*Epochenwechsel,* Propyläen, Berlin 2005
Gustave LeBon: *Psychologie der Massen,* Alfred Kröner, Stuttgart 2021
Thomas Morus: *Utopia,* Manesse Verlag, München 2018
Karl Jaspers: *Wohin treibt die Bundesrepublik?,* Piper, München 1988
Hans-Olaf Henkel: *Der Kampf um die Mitte: mein Bekenntnis zum Bürgertum,* Droemer, München 2007
Matthias Horx: zukunftsInstitut, www.zukunftsinstitut.de
Bertolt Brecht: *Dreigroschenoper,* Suhrkamp, Frankfurt a. M. 2001
John N. Gray in: *NZZ,* 24.08.2018, »Das Zeitalter der starken Männer – über den naiven Liberalismus«;
Wir werden sein wie Gott, Klett-Cotta, Stuttgart 2012
Raubtier Mensch: Die Illusion des Fortschritts, Klett-Cotta, Stuttgart 2015
Francis Fukuyama in: *WELT* 06.02.2019, »Francis Fukuyama fordert die bekennende Nation«
Das Ende der Geschichte: Wo stehen wir? Kindler, Hamburg 1992
Identität: Wie der Verlust der Würde unsere Demokratie gefährdet, Atlantik, Hamburg, 2020

Lee Kuan Yew: *Hard Truths: to Keep Singapore Going,* Straits Times Press, Singapur 2011

Timothy Garton Ash: *Freie Welt,* Hanser, München 2004

Thomas Hobbes: *Leviathan,* Reclam Philipp Jun., Stuttgart 1986

Victor Orban in: *FAZ,* 14. 11. 2021, »Orbán wünscht sich weniger deutschen Einfluss in der EU«; in: *UNGARN heute/Fox News,* 08. 06. 2021, »Liberale im Westen fürchten eine erfolgreiche konservative Alternative«

Judit Varga in: *WELT,* 14. 12. 2021, »Wir fordern von der Bundesregierung, unsere Souveränität zu respektieren«

William Strauss: *The Fourth Turning: What the Cycles of History Tell Us About America's Next Rendezvous with Destiny,* The Crown Publishing Group, New York 1997

Autorenkollektiv: *Konjunkturbericht: Demografie zehrt zunehmend am Wirtschaftswachstum,* Nr. 84 (2021), Kieler Institut für Wirtschaft, Kiel, September 2021

Johann Wolfgang Goethe: »Zauberlehrling«, in: *Gedichte: Ausgabe letzter Hand 1827,* Henricus, Berlin 2019

Henry Kissinger: *World Order: Reflection on the characters of Nations and the Course of History,* Penguin Press, New York 2014 in: RP Online, 09.09.2014, »Henry Kissinger erklärt die neue Weltordnung«

Edmund Fawcett in: *ZEIT,* 04.08.2021, »Konservative wollen, dass das Morgen genau so ist wie das Heute«;
Conservatism: The Fight for a Tradition, Princeton University Press, Princeton 2020

Kurt Tucholsky: »Was tun die Birken?«, in: Kurt Tucholsky: *Gesammelte Werke in zehn Bänden.* Band 7, Rowohlt, Reinbek bei Hamburg 1975

Egon Flaig: *Was nottut: Plädoyer für eine aufgeklärten Konservatismus,* Manuscriptum Verlagsbuchhandlung, Lüdinghausen 2020

»Herakles wählt am Scheideweg«, in: Gustav Schwab: *Sagen des klassischen Altertums,* Anaconda, München 2011

Biographie

Antje Hermenau wurde 1964 in einfachen Verhältnissen in Leipzig geboren. Ihre Eltern waren Facharbeiter. Sie wuchs dort auf, machte dort an der Thomasschule ein humanistisches Abitur und ihren ersten akademischen Abschluss an der Leipziger Universität als Diplomsprachlehrerin. Zu Wendezeiten vertrat sie die Grüne Partei am Runden Tisch Leipzig, wurde 1990 in den Sächsischen Landtag gewählt. Sie zog nach Dresden, wo sie heute noch lebt. Zehn Jahre Bundestag von 1994 bis 2004 in Bonn und Berlin schlossen sich an. 2002 erwarb sie im Teilzeitstudium berufsbegleitend ihren zweiten akademischen Abschluss als Verwaltungswissenschaftlerin mit einem Magister an der Deutschen Hochschule für Verwaltung in Speyer. 2004 gab sie ihr Bundestagsmandat ab und kehrte für weitere zehn Jahre in den Sächsischen Landtag als Fraktionsvorsitzende zurück. Nachdem sie 2014 die Politik vollständig quittierte, begann sie einen neuen Lebensabschnitt als Publizistin, strategische Beraterin für Wirtschaft, Gesellschaft und Politik und eigenständige Unternehmerin. Sie war in erster Ehe mit einem US-Amerikaner verheiratet. Aus der zweiten Ehe ging 2006 ein Sohn hervor.

Bibliographie (Auswahl)

Die Zukunft wird anders, Verlag Hille, Dresden 2015

Ansichten aus der Mitte Europas: wie Sachsen die Welt sehen, Evangelische Verlagsanstalt, Leipzig 2019

In: *Avantgarde oder angepasst? Die Grünen – eine Bestandsaufnahme,* Herausgeber: Michael Wedel und Georg Milde, in Kooperation mit dem Ch. Links Verlag, Berlin 2021

In: Tagungsband *Gleichwertige Lebensverhältnisse in Deutschland?* Herausgeber: Andreas H. Apelt, Vincent Regnete, Berlin, im Auftrag der Deutschen Gesellschaft e.V., Berlin 2021

EXIL in der edition buchhaus loschwitz
9. und 8. Staffel

Neunte Staffel
3 Bände im Paket (ISBN 978-3-9826512-9-3 | 53 €)

Artur Abramovych *Ahasvers Heimkehr. Lehren aus der Diaspora*
Klappenbroschur | 224 S. | ISBN 978-3-9826512-7-9 | 19 €

Ulrich Fröschle *Jüngers Waldgang. Das Problem der Dissidenz*
Klappenbroschur | 100 S. | ISBN 978-3-9826512-8-6 | 17 €

Michael Beleites *Dorf-Ethos. Für eine bodenständige Moral*
Klappenbroschur | 208 S. | ISBN 978-3-9826512-6-2 | 19 €

Achte Staffel
3 Bände im Paket (ISBN 978-3-9826512-4-8 | 53 €)

Bernd Zeller *Systemtheorien. Vier satirische Einakter*
Klappenbroschur | 120 S. | ISBN 978-3-9826512-1-7 | 17 €

Matthias Matussek *Palasthotel oder Wie die Einheit über Deutschland hereinbrach*
Klappenbroschur | 256 S. | ISBN 978-3-9826512-3-1 | 19 €

Chiffre. Correctiv und andere Wirklichkeiten
Klappenbroschur | 160 S. | ISBN 978-3-9826512-2-4 | 19 €

EXIL in der edition buchhaus loschwitz
7. und 6. Staffel

Siebente Staffel
3 Bände im Paket (ISBN 978-3-9825562-4-6 | 53 €)

Bettina Gruber *Phantastische Räume*
Klappenbroschur | 156 S. | ISBN 978-3-9825562-2-2 | 19 €

Burkhard Müller-Ullrich *Medienmärchen*
Klappenbroschur | 192 S. | ISBN 978-3-9825562-3-9 | 19 €

Siegmar Faust *Glaube, Hoffnung, Liebe*
Klappenbroschur | 160 S. | ISBN 978-3-9825562-1-5 | 19 €

Sechste Staffel
3 Bände im Paket (ISBN 978-3-9824237-4-6 | 53 €)

Tobias Becker *Die Rückkehr des Schmerzes. Ein Befund*
Klappenbroschur | 200 S. | ISBN 978-3-9824237-5-3 | 19 €

Cora Stephan *Im Drüben fischen*
Klappenbroschur | 120 S. | ISBN 978-3-9824237-7-7 | 17 €

Stephan Krawczyk *TAU. Betrachtungen*
Klappenbroschur | 272 S. | ISBN 978-3-9824237-6-0 | 19 €